做成功的中学班主任

陈立春 编著

ZUOCHENGGONG
DEZHONGXUE
BANZHUREN

吉林出版集团　吉林文史出版社

图书在版编目（CIP）数据

做成功的中学班主任 / 陈立春编著. ——长春：
吉林文史出版社，2012. 12
（班主任必备丛书）
ISBN 978 - 7 - 5472 - 1339 - 1

Ⅰ. ①做… Ⅱ. ①陈… Ⅲ. ①中学 - 班主任工作
Ⅳ. ①G635. 1

中国版本图书馆 CIP 数据核字（2012）第 297387 号

班主任※备丛书

做成功的中学班主任

ZUOCHENGGONG DE ZHONGXUEBANZHUREN

编著/陈立春

责任编辑/周海英　陆栎充

封面设计/小徐书装

出版发行/吉林出版集团　吉林文史出版社

地址/长春市人民大街 4646 号

邮编/130021

电话/0431 - 86037507

网址/www. jlws. com. cn

印刷/北京中振源印务有限公司

开本/710mm×1000mm　1/16

印张/14　字数/150 千字

版次/2013 年 2 月第 1 版　2019 年 12 月第 2 次印刷

书号/ISBN 978 - 7 - 5472 - 1339 - 1

定价/39. 80 元

目 录

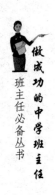

第一章　正确认知中学班主任角色，熟知中学班主任职责

　　班主任，班集体建设与班级学生健康成长的主要责任人。班级是学校工作中的最基层单位，学校的教育、教学主要是通过班级进行的。而班主任正是受学校的委托，全面负责教育和管理一个班集体的教师，是学校对学生进行教育工作的依靠和骨干，是实现培养目标的核心角色。班主任作为班集体的组织者和领导者，既是学生的良师，也是学生的益友，是联结学校、家庭、社会的纽带，是各科任课教师的协调员。班主任的基本任务是全面贯彻党的教育方针，努力把本班学生培养成积极向上、勤奋学习、热爱生活、团结友爱的坚强集体，统一协调班级工作，全面关心学生的思想、学习、生活和健康，促进学生德、智、体、美、劳全面发展，是班主任的神圣职责。

一、中学班主任的角色与职责

　　作为一个自觉的教育者，班主任应具有清晰的"角色意识"，即明确地意识到班主任在学校教育、班级教育、促进学生成长过程中的地位和身份，以符合社会期望，符合学生需求，按照学校培养目标所赋予的教育

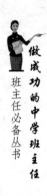

责任、义务和应有的行为规范去行动, 遵循学生身心发展特点科学性地、艺术性地施教。为此, 首先必须清晰认识到班主任与非班主任的不同, 即认识到班主任的特殊性, 从而更好地、全面地履行自己的教育责任。

(一)班主任是教师群体中的特殊群体

1. 班主任是班级的主任教师

对班主任的教育角色, 南京师范大学的班华教授概括为:"班主任是学校任命、委派的负责组织、教育、管理班级学生的教师"。就是说, 班主任是学校委派的班级学生主要的组织者、教育者、管理者, 是班级实施"全人教育"、培养"全人"的"主任教师"。

班华尤其强调"主任教师"即"主要教师", "主任"即"主要"。学生的全面发展人人有责, 在这方面, 班主任与非班主任没有区别; 但在以班级为教育组织形式的教师中, 班主任是"主任教师"或"主要"责任人。这是班主任与非班主任角色的巨大区别之一, 由此也就注定了班主任工作的神圣和艰巨。

2. 班主任施教操作的特殊性

在对学生教育实施上, 班主任主要是通过"班级教育系统"进行操作的。班主任除与科任教师一样, 通过学科课堂教学和相关的学科课外活动外, 还具有特殊的教育操作系统, 即通过班级组织对学生进行施教。在班级教育系统中, 包括以班主任为核心的教育者集体、班级目标、人际氛围、班级教学、班集体活动、班级文化、班级管理、学生评价等多种相互关联、相互影响的要素。这就决定了班主任工作内容的更宽泛性、工作性质的更复杂性。

(二)中学班主任的角色与职能

基于对班主任与非班主任的区别, 基于中学班主任教学对象的特点的认识, 我们应当从施教操作、教育因素、学生成长几个纬度来认知中学班主任这一角色，及其应承担的特定职能。

1. 中学班主任是班集体的培育者、教育者、管理者

（1）班主任是班集体的培育者。将学生编成一个班级，这只能算是一个学生群体。前苏联教育家马卡连柯认为："集体是活生生的社会有机体，它之所以是一个有机体，就因为那里有机构、有职能、有各部分之间的相互关系和相互依赖。如果这样的因素一点也没有的话，也就没有集体了，所有的只是随随便便的一群人罢了。"[1] 把一个学生群体转化为班集体，这是班主任工作的出发点，也是班主任工作的目标之一。在班集体里，班主任作为其中的一员，要力求尽快缩短师生间的心理距离，融洽师生关系，获得学生的信任；班主任作为班集体的培育者，承担着促使学生从学生群体成员转化为班集体成员的责任，必须按学校要求精心拟定班级目标，通过教育、教学及活动培养班集体。所以说，班集体的建设倾注着班主任的大量劳动和心血，班集体的形成，是班主任辛勤工作的结果。

（2）班主任是班集体的教育者。班主任是班集体的教育者，这是班主任工作教育职能的根本体现。班主任作为教育者的内涵是极为深刻的，他既是教育的因素，也是教育的特殊手段。首先，班主任也是教师，是引导学生学习科学文化知识的教导者。其次，班主任又是学生健康成长的引路人，班主任的内在气质、师德风貌、品德修养，都会成为教育因素，直接影响学生。成功的班主任工作证明，在班主任的整体素质结构中，班主任人格力量的影响最大，因为教育力量只能从人格的活生生的源泉中产生出来。班主任对学生思想教育的权威性，关键取决于班主任的人格风范。再次，班主任对学生的影响是长期的，优秀班主任不仅影响学生的今天，还会影响学生的明天，甚至会影响学生的一生。

（3）班主任是班集体的管理者。班主任，一个班的"主任"，自然应

---

[1] [苏]马卡连柯，《论共产主义教育》，人民教育出版社，1995年版，403页。

是班级工作的领导者、管理者。班主任对班级的管理是全方位管理,既要管学生的学习常规,又要管生活常规;既要管学生个体行为规范的养成,又要管班集体班风班纪的养成;即要管学生的班内活动,又要管学生的校内活动,甚至还要管学生的校外活动;既要管学生间、师生间的关系协调,又要管学校与家庭、与社会间的关系协调。班级管理工作对于班主任来说无小事,需要班主任事事在心,全面管理。

2. 班主任是各种教育因素的协调员、调度员

(1)班主任是科任教师间的协调员。每个学生的成长,每个班级的进步,都倾注了每位任课教师的心血,他们以不同专业、不同侧面直接教育学生,潜移默化地影响学生。为了促进学生全面发展,班主任与任课教师搞好关系至关重要。在一个班级中,虽然同时任课的科任教师的教育对象相同,但他们所教的学科不同,都各有一批感兴趣的学生,也有着一部分偏科的学生。要使每一位教师对学生有共同的目的和要求,有统一的班级工作计划,加强科任教师彼此间的联系,就必须由班主任参与协调。班集体的形成与任课教师对班级的责任感、自觉性和主动性是分不开的。在班级教育的整体工作中,不仅需要任课教师彼此间的一致性和协调性,还需要任课教师与其他教师的力量保持协调性和一致性,这就需要依靠班主任做组织上的联结。

在教书育人上,广大教师的奋斗目标和根本利益是一致的。但不能否认,教师之间还会因为某一方面的因素而存在一些矛盾,这些矛盾如果得不到及时而又正确的解决,会影响教师之间的团结,影响教育工作的顺利进行。这在很大程度上需要班主任去协调。首先,由于科任教学的分工,加之备课、上课、批改作业等等都是个人独立进行的,因此容易造成一种错觉,仿佛教师的工作效果纯粹取决于教师个人的知识、才能,取决于自己的个人努力和钻研,而和其他教师的工作完全无关。这样,会使一

些教师过分注重自己的工作和作用，把自己的个人作用提高到不适当的地步，忽视、轻视甚至否认其他教师的作用。使教师之间缺乏应有的交流，彼此感情生疏，缺乏共同语言。其次，由于教师的分工不同，每个教师都有自己的专教课程，容易使有些教师片面抬高自己所教课程的作用，轻视或贬低其他课程的作用，片面强调本学科的重要性，争夺学生，甚至科任教师互相拆台。另外，老教师与新教师，有经验教师与经验不足的教师，先进教师与一般教师，高级职称教师与初级职称教师之间，也都会产生程度不同的矛盾与隔阂。这些矛盾互相交织与纠葛在一个教学班，势必影响班级教育工作的顺利进行和学生的全面发展。这就需要班主任认真了解情况，从整体利益特别是需要从学生的利益出发，协调科任教师间的关系，团结全体科任教师，共同担负起培养全面发展人才的神圣职责。

（2）班主任是统观全局的调度员。一个班集体的每位学生，在一个班集体任课的每位教师都好比是一节"车体"，教师所教的每个学科就好比是一种"货物"。每节车体只有紧密地连接在一起，并且每种货物都不超重，列车才能有节奏地前进，沿着既定方向，完成运输任务。这就需要班主任充当其"调度员"的角色。并且，只有责任心强、业务熟练的"调度员"，"列车"才能编组快、不甩掉一节"车厢"，不丢掉一批"货物"，从而促使学生获得全面发展，既能培养出高才生，又能培养出大批的合格的建设者。为此，就要求班主任这个"调度员"，首先得自己调动起来，教好自己所担负的学科，更要把科任教师的积极性调动起来。按照常理，科任教师都想把自己所教的学科教好，这毋庸置疑。于是，有的教师往往布置很多任务，留下很多作业，学生就得起早贪黑地忙作业。特别是期中、期末考试之前，学生会被压得喘不过气来。这就需要班主任统观全局，向任课教师及时介绍学生作业负担情况，使他们也能体谅学生，适当地减轻学生负担。

（3）班主任是师生关系的调节员。班主任作为学生班的主任教师，还要疏通科任教师与学生之间的关系，增进师生之间的感情。在实际师生关系中，总有些学生对班主任亲，对科任教师疏；对"主科"教师亲，对"副科"教师疏。这就需要班主任在适当的时机，向学生详细介绍每位科任教师的长处、资历和性格，为学生尊重任课教师打下基础。在科任教师教学过程中，也要常到课堂听课，既学习科任教师的长处，又了解学生遵守纪律的情况，并随时对纪律差的学生留意，利用课余时间指出缺点，使学生心服口服，也避免对科任教师产生怀疑，有助于师生相处。对于要求过高、过严，对于过于偏向自己学科的教师，更要主动配合，加强协调。使每一位任课教师，即从本人所教的学科的实际出发，更着眼于学生的全面发展，以全体教师集体的智慧和力量，维护班集体的利益和荣誉，作用于每个学生的思想品德、学科学习和身心健康，共同完成教书育人的历史使命。

3. 班主任是联结学校、家庭、社会的纽带

学生的全面成长，需要学校教育、家庭教育和社会教育的紧密配合。特别是家庭教育，在学生的成长中具有举足轻重的作用。这就要求班主任应该努力做好家长工作，把家庭教育与班级教育结合起来。作为班主任应该认识到，学生家庭对学生的影响，家长教育的成果，是构成班级教育的基础。如果这种影响是正确的、是符合教育方向的，就会为班级教育工作打下良好的基础，使班主任工作开展得顺利而又有成效。反之，就会给班级工作带来困难，影响班主任工作效果，甚至抵消学校教育的效力。因此，促使家庭教育与学校教育保持一致，是班主任的一项重要工作。

一个称职的班主任，要尊重家长，互相配合，积极与学生家长联系，了解学生在家庭中的种种表现，并把学生在学校的表现如实地向家长反映，征求家长对改进教学和教育学生的意见，向家长提出如何配合学校教育

的要求，以便对学生的情况了解得更全面深入，进行教育会更有针对性。实践证明，一名优秀的班主任，总是和学生家长经常保持种种联系，既本身尊重家长，又教育学生尊重家长，帮助家长提高教育学生的艺术，与家长配合一道教育学生。这是一个合格的班主任对学生尽职尽责的体现。

当代的班主任工作，尤其必须开阔视野，寻找一些新的为学生所乐于接受的教育形式，要把广泛的社会教育与学校教育相结合起来。社会教育是通过社会文化教育结构对青少年进行教育，如通过少年宫、电影院、电视台、重点文物保护地等场所，借助于书籍、报刊、影视等大众传播媒介，综合各种教育力量开展教育活动，是学校教育的有效补充。其中，班主任教师始终处于教育的主导地位，是联结学校教育、家庭教育、社会教育，引导学生全面成才的纽带。

4. 中学班主任是学生健康成长的人生导师

2009年8月，教育部正式颁布了《中小学班主任工作规定》。《规定》中把班主任工作定位为"主业"，并提出"班主任要努力成为中小学生的人生导师"。这是对班主任角色的新认识。

（1）班主任成为学生的人生导师，就是强调"做人教育"。中小学班主任既要管理好繁杂的学生事务，又不能淹没在事务堆里，见事不见人，而要关注每一个学生的人生发展，从人生发展的高度来处理具体事务，透过具体事务的处理来助益学生的人生发展；既要协助任课教师搞好学生的学习，又要牢牢抓住自己的中心工作——人生辅导；既要关注学生的做人现状，又要着眼于他们的未来发展，在促进学生人生的可持续发展上下功夫。

学生作为求学者，要求两门学问：一是科学的学问，二是人生的学问。这就是所谓的学知识和学做人。科学的学问通常被称为科学知识，人生的学问被称为人生智慧。由于科学技术的迅猛发展，社会对个体学

习科学知识的要求越来越高。一个不掌握基本科学知识的人，在现代社会难以生存和发展。所以当今学校无不重视对学生的科学教育。同样，急剧变化的现代社会对个体人生智慧的要求也日益提高，学校必须更加重视对学生的人生辅导。令人担忧的是，由于认识上的片面性，加之科学知识在升学考试中的绝对统治地位，因此重科学教育、轻人生辅导的现象普遍存在，且十分突出。这种错误倾向严重误导了青少年的成长，造成了大量的教育问题。

（2）班主任应努力成为学生的人生导师。中学生处于身心成长和学业提升的双重关节点，身心变化大，学习任务重，来自自身成长和家庭期望的压力都比较大。这就要求班主任必须对他们进行全面关心，帮助他们顺利实现人生中最重要的转折。

首先，班主任要关心学生的全面发展。学生要拥有幸福美满的人生，首先必须身心和谐、知情相融。作为学生的"人生导师"，班主任要引领学生在学习知识的同时，也要在身体、精神、情感、意志等方面实现全面、健康、可持续的发展。学习是学生的天职，但学生首先是一个人，还需要实现人的个性化发展和社会性成长。针对中学生的身心发展特点，班主任要关心学生的思想发展、知识学习、社会成长和心理发育。

其次，班主任要关心全体学生的发展。班级教育是一种集体教育形式，班主任要关心全体学生的发展，真正实现"让每一个学生都能成功"这一目标。关心全体学生的发展，不是实行教育平均主义，给予每一个学生完全相同的教育，让他们成为标准化的"零件"，恰恰相反，而是要给每个学生提供适合的教育，让他们成长为个性化的社会人。在班级教育和管理中，关心全体学生的发展意味着在态度上对学生一视同仁，在教育策略上必须对学生进行针对性、区别性的教育。

再次，班主任要关心学生的终身发展。中学生是身心快速发展中的个体，具有多种发展的可能性。关心学生的终身发展，就是要关注学生当下的发展和未来的发展，把发展的可能性变成发展的现实性和持续性，为学生的长远发展乃至终身发展奠基。班主任作为学生的人生导师，就是要教会学生做人、教会学生学习、教会学生健体、教会学生全面发展。教师要通过有效教育，将学生逐步引向理智的人生，培养学生良好的思想品德、行为习惯、心理素质，为他们的全面发展、终身发展奠定基础。

综上，班主任不仅仅是班集体的组织者、教育者、管理者，同时还是学生主要的"精神关怀者"，影响学生发展的"重要他人"。班主任不仅是学生特定阶段的"重要他人"，而且还会对学生的整个人生产生影响，是学生的人生导师。

（三）中学班主任的基本职责和任务

在2009年8月教育部颁布的《中小学班主任工作规定》中，关于班主任的职责和任务做出了具体规定。结合对中学班主任角色的认知，我们认为中学班主任的基本职责是：组织和培养良好的班集体，对全班每个学生的发展全面负责。具体说来，其主要任务有以下七点：

（1）按照教育目标的要求，联系本班实际，对全班学生进行思想政治教育，着重培养他们形成科学的世界观、人生观、价值观。

（2）与任课教师协调关系，全面了解学生的学习情况，有针对性地对学生进行学习目的的教育，端正学习态度，形成良好的学习动力和科学的学习习惯，掌握正确的学习方法，提高学习成绩。

（3）关心学生的身心健康，针对青春期的身心发展特点，进行生理和心理的健康教育，有计划地对学生进行交往心理、学习心理及个性心理的教育，促进学生对世界和自我形成客观正确的认知，养成良好的人际沟通能力，保持和谐的人际关系。

（4）对学生进行劳动和社会实践教育，指导学生参加学校规定的各种

劳动,教育学生坚持体育锻炼,养成良好的劳动习惯、卫生习惯、生活习惯。

（5）关心学生的课余生活,指导学生参加各种有益于身心健康的科技、文娱和社会实践活动,鼓励学生发展正当的兴趣和特长。

（6）抓好班级的日常管理,建立班级常规,指导班委会工作,培养学生干部,提高学生的自我管理能力,把班级建设成为奋发向上,团结友爱的集体。

（7）经常与家长联系,发挥社会的教育力量,增大教育合力。

（四）中学班主任工作的具体内容

为全面履行班主任职责,完成班主任工作任务,班主任常常要开展以下具体工作:

1. 了解和研究学生

班主任要实现对本班级规范化、科学化、人性化的管理,提高工作质量和效率,首先要全面正确地了解和研究学生。

了解和研究学生的内容主要有两个方面。一是了解和研究班集体,包括集体的基本情况,如总人数、性别结构、生源状况、年龄分布等;班级的基本情况,如学习好、中、差学生的比例、学生思想品德的表现、班级取得的成绩与存在的问题等（接二手班时必须了解）。班级的其他方面,如学生生活社区环境、学生家庭条件、学生在校外的表现等。二是了解和研究学生个人,包括学生的基本情况,如姓名、性别、年龄、健康等;学生的家庭情况,如监护人的文化水平、职业、经济状况、居住条件等;学生的品德和学习情况,如遵规守纪、文明礼貌、集体观念以及学习成绩、学习态度、兴趣特长等;学生的个性情况,如智力特点、情感意志特点、性格和气质类型等。

班主任了解和研究学生的途径也很多,其中学习活动是主要途径。可以通过多种多样的方法来了解学生,如观察法、谈话法、问卷法、作品分析法、调查法、测量法等等。

了解和研究学生，要注意全面性、经常性和发展性。全面性就是全面地看待学生，既看到学生的优点，也要看到学生的不足；既看到校内的表现，也要看到校外的表现。经常性就是要把了解和研究学生作为班主任的常规工作，充分利用一切场合条件，做到常抓不懈。发展性就是要用发展的观点看待学生，既看到学生的过去，也要看到学生的现在，还要预见到学生的未来。

2. 组织和培养班集体

建设好班集体，是班主任的一项重要工作，也是班主任最基本的任务。良好班集体的组织培养，虽然会因学校、教师、学生等条件不同而方法上各异，但是，具体班集体的形成和发展仍有一定的规律可循。

首先，要确立班集体的奋斗目标，使全体学生明确共同的努力方向，引导和激励全体学生为之奋斗。

其次，要建立班级的领导核心——班委会，使之成为班主任做好各项工作的有力助手。

第三，要培养正确的舆论和良好的班风。正确舆论，就是根据是非标准所做出的符合客观事实的意愿和态度，是衡量集体觉悟水平的重要标准。形成正确的班集体舆论，有利于促进团结，有利于鼓舞学生的上进心、发扬正气，有利于班级良好人际关系的建设和组织机构的健全与完善。班风是班级成员的思想、言行、风格、习惯等方面表现出来的班集体特有的一种精神面貌，是班级"个性特征"的体现。良好班风有很强的制约功能和教育功能。

第四，组织开展班级活动。集体活动可以产生凝聚力，能使每个学生的主体积极性得以发挥，能使师生关系不断密切。集体活动也是学生个体实现全面发展的一个重要途径，有利于培养学生良好的思想品德，是

实现班级工作目标及全面育人的基本途径。班级活动范围广、形式多,其中最主要的、经常开展的是教学活动、主题活动、社会公益活动等。

3. 做好个别教育工作

前苏联教育家苏霍姆林斯基曾经说过,每一个学生都各自是一个完全特殊的、独一无二的世界。每个学生都有自己的特点、兴趣、情感和需要,具有不同的发展水平。班主任作为学生全面发展的负责人,要让不同的学生都有所提高、有所发展,就必须根据学生的个体差异,采用不同的方法去做好学生的个别教育工作。

班主任对学生的个别教育工作,面向的是全班每一位同学。既包括对优秀生的培养爱护、严格要求,也包括对后进生的转化教育工作,更包括对中等生的引导、带动和鼓励。

4. 营造良好的班级环境

有特色的班级环境,对学生具有潜移默化的教育影响和感染力,而且这种作用是深层次的,它可能使学生终生受益,也可能让学生终身缺憾。良好的班级生活环境,犹如一位无时无处不在的老师,它总在告诫着每一位学生作为集体一员该做什么、不该做什么,使他们感到集体生活的幸福和快乐。

5. 协调好各方面的教育力量

班级工作力量是由多方面教育力量构成的教育整体,除学校领导外,任课教师、共青团组织、学生家长也是十分重要的教育力量,只有协调并发挥好这些力量,才能保持教育方向的一致性、教育要求的统一性、教育活动的协调性。

6. 做好班主任工作计划和总结

班主任工作计划的制订和总结,是班级工作不可缺少的环节,是班主任工作达到预期目的的重要保证。

班主任工作计划的制订，要根据教育方针、学校培养目标、教育政策和法规，要与学校工作计划和本班实际相联系。计划要全面，目的要明确，条理要清楚，阐述要简练，操作要可行。计划一般分为学期和月计划。学期计划的内容包括：班级学生基本情况分析，班级工作的指导思想和班级共同奋斗的目标，教育工作的内容、主要措施及时间安排等。月计划是学期计划的细化，主要包括：具体活动的内容、基本要求、组织措施和完成时间等。

班主任工作总结是班级工作过程的最后一个环节，它既是对工作计划执行情况的检查，也是对工作质量的全面评估，以便总结经验教训，不断改进工作方法，提高工作效率。要使总结客观真实，班主任应注意日常班级管理和活动资料的积累。总结要有事实、有分析，善于把感性经验上升为理论，不断探索班级教育的规律，为以后进一步做好班主任工作打下良好基础。

二、中学生身心发展的一般特点

中学阶段，一般在十一二岁到十七八岁。其中，初中在十一二岁到十四五岁，为少年期；高中在十五六岁到十七八岁，为青年初期，总称青少年期或青春发育期。这是人的一生中身心发展最快的时期，也是各年龄发展阶段中的最佳时期，故称人生的黄金时期。青少年生理和心理的迅猛发展，为学校教育奠定了必不可少的物质基础，同时青少年身心发展的特点，也给教育带来了困境和难题。因此，要做好中学班主任工作，必须正确认识青少年学生身心发展特点，才能科学施教、因势利导，确保教

育成功。

（一）中学生生理发展及其对心理的影响

1. 中学生生理发展的特征

一个人的一生要经历两次生长发育高峰期，一次是出生后的第一年，另一次就是青春发育期。一般说来，女生从十一二岁到十五六岁，男生从十三四岁到十七八岁，正处于这一阶段。青春发育期生理上变化多端、发展迅猛，主要有包括体形、内脏和性生理在内的三大变化。

（1）身体外形剧变

由于内分泌的发育，四五年之内，少男、少女们的身体外形发生急剧变化，身高、体重、胸围、头围、肩宽、骨盆等都加速增长，骨架粗大，肌肉壮实，外形、外貌以及外部行为动作也随之变化。特别是，身高突然蹿高，每年可长6~8厘米，甚至10~11厘米；体重迅速增加，每年可增5~6公斤，甚至8~10公斤。

（2）体内机能增强

人体内各种器官和组织的各种机能在青春发育期迅速增强，逐步趋向成熟。中学生心脏的发育，从心脏形体、恒定性、血压、脉搏等指标变化来看，日渐接近成人，大致在20岁以后趋向稳定。12岁前后开始肺发育得又快又好，男生到十七八岁，女生到十六七岁，肺活量可以达到或接近成人。肌肉发达，骨骼增粗。特别是脑和神经系统的发育最快，脑的重量和容积12岁时已经接近成人，十三四岁时脑已基本成熟，大脑皮层的沟回组织已经完善、分明，神经元细胞也完善化和复杂化，神经系统的结构与机能几近成人，大脑兴奋与抑制过程逐步平衡，到十六七岁后则能协调一致，第二信号系统逐步占据优势，并在概括与调节作用上显著发展。

（3）性的发育成熟

人体内部发育成熟最晚的部分是性的器官与机能，性的成熟则标志着人体全部器官接近全部发育成熟。中学时期是人的性成熟最快的关键阶段。少男少女们到了青春发育期，性的器官与机能便迅速发育成熟，性发育的外部表现是"第二性征"逐步凸现，性的成熟给他们的心理发展带来重大的变化，使他们感到自己长大了，是大人了。

2. 中学生生理发展对心理的影响

生理发展对心理的影响主要是通过个人、社会对身体变化的评价和态度发生作用的，而由身体变化直接导致心理影响的情况是很少的。对身体外形的迅速发育和变化，中学生，特别是初中生，不仅能意识到这种生理上的发展变化，并受到外界评价的影响，由此而产生对自身心理的影响，并带来某些外部行为的变化。

（1）身体形态变化带来的不适应

对身体容貌的担忧。初中生体态的变化必然导致他们对自己的身体、容貌、风度等各方面的关注，表现出爱美之心日益加强。从青春期开始，不论是出于自我欣赏还是自我反感，都会在镜子前耗去大量的时间。他们在镜子里发现了自己身体显著的变化，同时内心交织着评价的情绪体验。他们往往因为身体的健壮、美丽而心满意足、沾沾自喜，而对体形、容貌、姿态、语言等方面的缺陷和弱点又十分敏感，并由此引起自卑、羞怯、敏感、忧愁。有些学生还会出现"体态容貌恐惧症"。男同学会为自己身材矮小焦虑，女同学会为自己容貌不美而烦恼。而脸上长粉刺和身体肥胖，则无论男孩或女孩都会感到痛苦。

运动能力的迅速发展与行为的不协调感。进入青春期后，无论男、女，其体力、力量都迅速增强，而且疲劳后恢复也很快。尤其是男孩，体力几乎是直线上升，这就使他们的运动能力发展到空前的水平，从而表现出强烈的运动需要。青年比其他任何年龄都显得更加朝气蓬勃、富有生机、精力旺盛，总有使不完的精力，用不尽的劲，特别活泼好动，对各种文体活

动无不发生兴趣,喜欢富有拼搏和竞赛性的活动,对许多困难艰巨的任务都跃跃欲试,以显示和发挥自己的力量与技能。如果他们的这种体力和能量不能得到适当的发挥,将会引起他们的不满和反对,甚至会从相反的方向和不良的活动中发泄出来。这是班主任老师应当特别注意的。

在青春期,由于身体的发育太快,尤其是四肢长得太快,以至于神经系统的发育在一定时期内不相适应,加上这段时期脑的兴奋过程和抑制过程不够稳定和平衡,大脑皮层和皮层下中枢的活动协调性降低,所以,许多青少年这一时期会感受到一种心理与行为之间不相协调的状况。比如,在体育运动和某些活动中,会感到似乎突然比以前"笨"了,灵巧性、敏捷性突然下降了等等。有时情感和理智也不相协调,情绪爆发性强,控制力较低;神经系统容易疲劳,等等。这都是青春发育期中的正常现象。

(2)性成熟带来的困扰

随着性生理的成熟,到了十二三岁以后,由于一系列的生理变化,诸如第二性征的出现,突然的出血或遗精,会使青少年产生对性的不安、惊恐、羞涩等心理。特别是内向、敏感的孩子,或者缺乏性的知识,对于这种突然的变化往往不知所措,又羞于启齿,不愿向家长和老师讲,只好忍受着内心不安的折磨。

女生对性成熟的困扰。青春期女孩第二性征的出现,如乳房发育、前胸隆起时,会表现出局促不安、羞怯,害怕别人的注视等反应。

此外,青春期女孩自月经初潮开始,就会因月经产生心理压力。月经期大脑皮层的兴奋性降低,易产生疲倦、嗜睡、易怒、忧郁、头痛等全身性反应。加之痛经的困扰,使女生会对月经产生厌烦、紧张等消极体验。痛经是在月经来潮时所感受到的子宫、下腹部与背部的疼痛现象,约有1/3的少女会有痛经的经历。痛经的原因在于子宫内的平滑肌收缩、血液供应量减少,从而引起子宫周围部位酸痛,又由于少女的子宫颈较小,使子宫难以将血液排出，因而有较多的痛经。

男生对性成熟的困扰。有调查发现，男生对首次遗精的心理体验，依次排列为害羞、新奇、恐慌、无所谓，其中害羞和恐慌占52.7%。

遗精是青春期男子相当常见的一种生理现象，据统计，约80%以上的男性青年都有过这种现象。但由于受传统思想的影响，有些人错误地把遗精现象看得很严重，认为"一滴精十滴血"，即把精液看成是人体的精华、"元气"，误认为遗精比流血还厉害。他们入睡前非常紧张，害怕遗精，但结果偏偏还是遗精，因而既悔恨又担忧，但又害羞不肯找医生，最后便可能导致严重的神经官能症。

性成熟带来性意识的萌发。12~17岁左右的中学生，是性意识表现和发展的重要阶段。此时，与异性接近的愿望会逐渐明朗化，并以对性问题的关心、与异性交往的渴望、与异性实际接触的需求及性冲动的形式表现出来。

向往与异性交往，是性意识发展的一个很重要的方面。随着性生理和性心理的发展，他们内心常常会感到受到异性的吸引，进而产生爱慕的情感，渴望与异性交往。在男、女生中与异性交往的原因是有一定差异的。男生向往与异性交往的原因依次为：对方漂亮、温柔、亲切，社交需要，感到愉悦满足，感到有力量、有帮助。而女生向往与异性交往的原因依次为：感到有力量、有帮助，社交需要，感到愉悦满足，对方刚毅，对方温柔、亲切。表明，男生更多地注重女生的外表美丽和女性温柔的性格，而女生则更多地注重男性的内在气质以及男生的帮助。

（3）生理成熟带来的烦恼

与成人的冲突与对抗。青少年由于身体的迅速发育和变化，逐渐有了"成人感"。他们往往信心十足，努力以成人的风度、姿态出现，希望获得成人所享有的权利和义务，要求成人承认他们的"大人"地位。但成人，

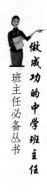
尤其是家长，对这些变化往往视而不见，不够敏感，仍然以"孩子"的方式来对待他们，这就很容易导致青少年的不满，从而发生与成人的冲突和对抗。

内心烦恼增多。青少年时期是一个烦恼颇多的时期。烦恼的增多，是与他们身体、智力、自我意识的发展，以及社会地位和活动领域的变化等相关联的。很多初中生因"朋友"、"性格"、"长相"等问题而苦恼。而高中生中接近半数的人会因"升学和就职问题而烦恼"。此外，诸如同学关系、师生关系、异性关系等的烦恼也都存在。

青少年的烦恼是多样的、复杂的。这些烦恼发生于他们所处的发展水平和环境的相互作用之中。烦恼的内容不同，烦恼的方式也不同，因各人情况的不同而表现各异。有的表现为焦虑、抑郁、无力、情绪激动；有些人则表现为乱发脾气、暴力行为、自伤、贪吃等行动性的方式；还有一些人表现为胃痛、心悸、发烧、头疼、便秘、脱发等病理症状。

青少年的烦恼，可以说是人类为成长发育而必须经受的"蜕变"的痛苦。烦恼是正常的，但作为班主任老师应注意到，如果一个学生所面临的烦恼超过了他自身能够承受的限度，就会有一定的危险性，甚至会引起严重的心理疾病或反常行为，因而不能等闲视之。

（二）中学生心理发展的过渡性特点

中学时期是人的一生中心理发展的金色年华，在整个中学阶段，学生的心理具有过渡性、闭锁性、社会性和动荡性等四个特点。而从教育与发展的视角审察，中学生心理发展主要表现为两大特征。

1. 中学生心理发展的一般趋势

（1）智力飞跃发展

身体的迅速发育，特别是脑和神经系统的结构与机能的迅速发展，为心理的迅速发展提供了必要的生理基础，为中学生各科知识的学习得到有力的促进。随着年龄的增大，体内机能的增强，社会实践的增加，在小学的基础上，中学生包括口头言语、书面言语和内部言语在内的言语必然得到很大的发展。言语（特别是内部言语）的发展，势必促进思维的发展，促进智力的开发。有关研究表明，初中二年级到高中二年级是中学生智力发展的关键时期。青少年的思维开始从经验型走向理论型。他们逐步摆脱对感性材料的依赖，应用理论来指导抽象思维活动，发展了思维的深刻性，出现了思维的独立性和批判性，表现为喜欢独立思考、寻根究底和质疑争辩，思维日趋成熟。思维力是智力的核心。思维力的发展，促进观察力、记忆力、联想力和想象力的同步发展，使整个智力水平都得到飞跃式的提高。因此，中学时期是个体学习科学文化知识的黄金时期。作为班主任老师应科学指导、有效引导学生搞好学习，为人生成功奠定基石。

（2）个性逐步形成

随着身体的发育和智力的发展，中学生的个性逐步形成。个性心理包括动机、兴趣、理想、信念、世界观等个性意识倾向性和能力、气质、性格等个性心理特征。其中，世界观是个性意识倾向性的集中表现，反映人对世界的根本看法，影响着人的整个精神面貌。中学阶段是人的世界观由萌芽到初步形成的时期。一般说来，萌芽于小学初中衔接时期，初步形成于高中阶段。当然，它还不成熟，也不稳定，具有很大的可塑性。与此同时，青少年进入"心理断乳期"，力图摆脱成人的关照和约束，独立支配自己；也出现心理"闭锁性"，除了知心朋友以外，一般不让别人了解自己的内心世界。但是，就总体而言，中学生是朝气蓬勃、天真活泼、热情奔放、奋发向上的。

2. 中学生心理发展过渡性特点——矛盾性

中学生时期，特别是初中阶段，是个体身体发育的第二个突增阶段，而与此同时，心理发展的速度却相对缓慢，处于从幼稚向成熟的过渡期。

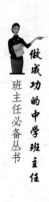

这种生理和心理发展的不平衡和急剧的转变使初中生承受着由于成长带来的矛盾和压力，使他们在认知能力、人格特点和社会经验方面都处于一种"边缘人"的不稳定状态。这就使得初中生在过渡期出现了矛盾心理，并决定了初中阶段是一个半幼稚与半成熟、独立性与依赖性、自觉性与幼稚性错综矛盾的时期。

（1）反抗性与依赖性

身体外形的变化使中学生产生了"成人感"，从而导致他们在心理和社会地位上也希望能尽快地进入成人的天地，摆脱成人的束缚和童年的一切，扮演新的社会角色，得到与成人一样的权利和地位。他们反抗童年时形成的对成人的依附关系，甚至为了反抗而反抗，表现出不服从权威；不愿意轻易接受成人的意志或意见，常处于一种与成人相抵触的情绪状态。而他们的要求和情绪体验又常常受到成人的忽视和压抑，从而表现出强烈的反抗心理。

与此同时，他们的内心并不能完全摆脱对父母、成人的依赖与屈从，只是依赖的方式和程度与过去相比有所改变。在小学阶段对父母的依赖更多的是在情感和生活上，而初中阶段则更希望从父母那里得到精神上的理解和支持，他们要求和成人平等交流思想，需要在自由自在、无拘无束的气氛中同家长、教师平等地交流情感、倾吐心声，面对遭遇挫折时仍需要成人的帮助和指导。

（2）闭锁性与开放性

中学生不像小学时那样外露与直爽，虽然心理生活更加丰富，但表露于外的却减少了许多，表现出闭锁性。这种闭锁性源于生理变化，智力、情感的深化和自我的发现。因为性成熟使他们感到既神秘又难为情而不愿意向别人吐露，所以只好自己研究自己。智力水平的提高，使中学生对什么事情应该公开、什么事情应该保密有了更深刻的体会和理解，不轻易地表露自己的情感和思想。自我发现，导致他们的心理活动更多地指向内心世界和关注内心体验。于是，他们经常通过写日记来分析自我、保守秘密并减轻内心的不安和烦恼，对成人表现出强烈的闭锁性。

另一方面，中学生的内心冲突以及在现实中所遇到的挫折都比较多，对许多问题还不能用自己的力量和能力去解决，又不愿意求助于父母，担心有损其独立人格，同时他们又常常感到非常孤独寂寞。他们希望有人来关心和理解他们，因此，会不断地寻找能推心置腹倾诉的知己，渴望向他们敞开心扉，在知心朋友、同龄人面前会表现出开放性，毫无保留地倾吐自己内心的秘密，希望得到同情和理解。

（3）勇敢和怯懦

在某些情况下，中学生会表现出较强的勇敢精神，但这时的勇敢精神带来莽撞和冒失的成分较多。这是因为他们的思想行为，较少受各种观念的约束，能果断采取行动而较少顾虑。但出于经验、认识的局限性使他们对情景的危险性不能迅速分辨出来，意志水平发展的不完善加上强烈的情绪体验，使他们在考虑行为后果时常常欠周全。

在另一些情况下，中学生又常表现出局促不安和怯懦。这是因为青少年学生对自己过分关注，当他们面临缺乏经验的情景或自认为自尊将面临考验时，就会出现退缩和怯懦的表现。

（4）高傲与自卑

在中学生阶段，个体受自我评价和自我认识能力水平的局限，还不能对自己做出全面和客观的评价。他们常凭借一时的感觉来评价自己，从而使得对自己自信的把握往往随事情的成败而上下起伏。偶然的成功会沾沾自喜，自以为是；相反，偶尔的失败又会令其对自己产生怀疑，感到极度的自卑。这两种情绪常在中学生，特别是初中生身上交替出现，成为中学生情绪起伏不定的原因之一。

综上，中学时期的青少年学生具有这个年龄阶段特有的心理特征。要做成功的中学班主任，必须了解学生的年龄特征和心理发展特点，树立正确的学生观，对中学生的思想、行为表现给予科学理解，并科学引导、施教，做学生健康成长的人生导师。

三、做中学班主任的基本要求

班主任是班级的教育者，是学校领导进行教导工作的得力助手，是学生健康成长的人生导师。班主任工作责任重大，要做成功的中学班主任，必须不断加强自身修养，提高个人素质。

（一）坚定正确的政治方向

教育是培养人的事业，教育者总是执行一定阶级的教育方针、政策去教育学生。因为教育本身是受一定社会、政治、经济制度制约的，教育只能在一定政治经济制度所允许的范围内发挥作用。班主任要教育学生将来更好地为社会主义建设服务，就必须认真领会和全面贯彻党的教育方针，就必须坚持、坚定正确的政治方向。

毫不例外，从某种意义上讲，学生的思想政治方向是由班主任决定的。班主任是学生健康成长的引路人，是学生的人生导师，在学生思想品德的形成与发展中居于特殊的位置，在学生全面发展中起着主导作用。因此，班主任应不断提高自己的思想政治觉悟，才能站得高、看得远，真正能起到引路人、导师的作用。

树立坚定正确的政治方向，班主任就必须认真学习和掌握马克思主义的观点和方法。马克思主义理论是科学的世界观和方法论，是指导工作实践的理论武器。同时还要及时、认真学习党的路线以及党的教育方针、政策等,从而把握教育方向,增强教育工作的自觉性。

(二)尊重信任学生的观念

无论如何,学生终究是班主任进行教育工作的对象。怎样看待作为教育对象的学生,采取什么态度,直接涉及到班主任的教育效果。在教育过程中,学生既是教育的客体,又是教育的主体,要充分发挥作为教育主体学生的作用,是促进学生思想转化和顺利完成教育任务的关键。

当代,我们要培养具有竞争意识,具有独立思考,富于创新精神的开拓型人才,除了要求学生努力学习、成绩优良、品行端正外,更应着重培养学生的创造能力、实践能力、生存能力、社会交往能力、分析和解决问题的能力。而这些能力的培养,都需要班主任对学生的尊重、信任、激励和引导。为此,班主任必须破除以"教师为中心"的观念,抛弃"警察监督"式、"保姆包揽"式等做法;要增强班级管理的民主意识,使班级每一个成员都以主人翁姿态参与班级管理;要创设学生个性特长充分施展的条件,给学生创造实际锻炼的机会。而上述这些观念和做法都要以班主任尊重、信任学生为前提。

青少年学生都具有渴望得到班主任的尊重、理解的心理需求。随着认识能力的增强,交往范围的扩大和自我意识的高涨,自我荣誉感也在增强。他们内心有强烈的"成人感"。一方面,成人做的事情他们都想做、都能做,独立性、自主性加强,另一方面,他们渴望得到成人一样的待遇——平等、尊重,上进心、自尊心增强。班主任只有尊重和信任学生,才能充分调动学生的主动性、积极性,激发学生上进的动力;只有尊重和信任学生,才能使师生关系更加融洽,能及时掌握学生思想脉搏;只有尊重和信任学生才能产生"期望效应",避免"贴标签效应"。有调查表明,受学生欢迎和尊敬的班主任都是尊重和信任学生的;对学生过分管束、

不信任和疾言厉色、动辄训斥的班主任是最不受学生欢迎的。因此，班主任要想得到学生的尊敬，就必须先尊重学生。只有用对学生的信任，才能换取学生的信赖。

（三）勤于进取的治学态度

班主任是教育人的人，在现代，不仅要"传道、授业、解惑"，更要引领学生的精神生活，做好学生的人生导师。然而，班主任毕竟不是神，更不能"生而具之"，这就需要班主任在工作实践中要不断学习，勤于进取。

知识是班主任个人影响力的能源。知识贫乏，腹中空空的班主任是难以使学生信服的。学生对学识渊博，工作上精益求精，教学艺术高超的班主任非常佩服和遵从。这样的班主任不仅能更好地推动班集体工作，而且有可能与学生有更多的共同语言，促进心理沟通，增强影响力，为顺利教育学生奠定基础。班主任严谨治学、锐意进取的态度，对班级的学风也会产生积极的影响，并能使班级的每一个成员终身受益。

（四）巧妙灵活的教育艺术

班主任的教育活动尤其具有创造性的特点。这一活动并无确定的规程、模式或方法可以随时随处套用。这就决定了"教育有法而无定法"，其运用应巧妙灵活。

教育活动是一门艺术，而艺术的实质就是创造。北京四中的丁蓉老师就是一位敢于探索、不断创新的班主任。工作中，她感到传统的班会不是听报告，就是讨论，久而久之，学生感到索然无味，教育效果甚差。针对这种情况，她把班会活动大致分为主题性班会、活动性班会、知识性班会、节日性班会、教育性班会、学生自己组织的班会等形式，通过这些丰富多彩的班会活动促进学生德、智、体全面发展。

教育艺术的运用，表现在班主任必须掌握辩证的教育方法。在学校里，常有这样的事：一个学生的学习成绩很好，班主任就认为他一切都好;而有的学生某一方面表现不好(如纪律、文明礼貌方面等),班主任就认为他什么都不好,一无是处。这就是心理学上的"月晕效应"。由于月晕效应而使班主任对学生产生认识上的偏见和教育上的偏差情况很多。避免月晕效应,班主任必须具有辩证思维的观念,用一分为二的观点看待学生,用发展的眼光全面了解和正确评价学生。同时,对不同的学生应不同对待,因材施教。班主任必须因人、因事、因时、因地制宜地灵活运用教育规律。

【案例】

李凤霞,是吉林省吉安市财源中学的一名班主任老师。在他的班主任工作中,注重教育艺术,巧用教育技巧,妥善处理偶发事件,有效提高了教育效果。

一天晚自习的最后一节课,李老师终于批完了作业,习惯性地在课桌间巡视,偶然间发现女同学小杨并没有写作业,而是在写一封信。小杨见李老师走来,很是慌乱,马上想把写的东西藏起来,可众目睽睽之下又无处可藏。万般无奈,小杨只好把还没有写完的信交给了李老师,然后低着头,等着挨训。全班学生都齐刷刷地盯着李老师手中的信,也都迫切想知道个究竟。怎么办?训她一顿,显示老师的威力?还是暂时不做处理留待课后?但目前的情势不容拖后,同学们可都急迫地期待老师的行动……,经过大脑的飞速转动,李老师急中生智,有了主意。于是大声说道:"同学们一定想知道这张纸上写的是什么吧?好,我读给你们听:'劝君莫惜金缕衣,劝君惜取少年时。花开堪折直须折,莫待无花空折枝。'"读完后,小杨悄悄吁了口气,对李老师投去感激的一瞥,其他学生则对李老师投来将信将疑的眼神。李老师继续说道:"是啊,我们应该时时鞭策自己,好好珍惜时间,给自己一个无悔的人生!"

第二天,李老师私下里找到小杨。小杨见到李老师之后哭了,她说很感激老师给她留了面子,维护了她的自尊心;并向李老师坦白说,她暗暗喜欢班里一个男生,每天满脑子全是他,根本看不进去书。她也很着急,可是却不能自

拔。看到小杨如此痛苦、无助，李老师觉得这是一个教育的最佳时机。就说："进入青春期的你们，有这种想法是可以理解的，但是早恋对你们确实有害处。你可以把这份感情埋藏在心底，努力去完成现在的学习任务。等将来长大成人、学有所成时，如果这份感情还没有变，再去考虑也不迟啊！"同时还告诉小杨："这件事是老师和你的秘密，老师不会告诉你的父母或其他人。"小杨当即向李老师表示，要用实际行动回报老师对她的宽容和理解。此后，小杨学习上变得勤奋刻苦，也能积极踊跃参加各项活动。

　　班主任工作只有讲究教育艺术，充分调动学生的主观能动性，激发学生的进取心，才能从根本上提高工作效率，达到最佳教育效果。

第二章　营造和谐氛围，建设积极向上充满活力的班集体

全国优秀班主任魏书生老师在《班主任工作漫谈》一书中写道：

班级像一座长长的桥，通过它，人们跨向理想的彼岸。

班级像一条挺长的船，乘着它，人们越过江河湖海，奔向可以施展自己才能的高山、平原、乡村、城镇。

班级像一个大家庭，同学们如兄弟姐妹般互相关心着，帮助着；互相鼓舞着，照顾着，一起长大了，成熟了，便离开了这个家庭，走向了社会。[1]

以上对班集体生动形象的比喻，深刻说明了班集体对学生的成长和教育具有十分重要的作用。建设好班集体，是班主任的一项重要工作，也是班主任最基本的任务，那么怎样组织和培养班集体呢？可以说，良好班集体的组织、培养，虽然会因学校、教师、学生等条件不同而在方法上各异，但是，班集体的形成和发展仍有一定的规律可循。

一、营造和谐的班级人际氛围

班级就是一个小型的社会，一个班级中的全体成员在共同学习、生活

---

[1]　魏书生著：《班主任工作漫谈》，漓江出版社，1993年版，自序第2页。

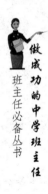
了一段时间后就会形成一种人际氛围。这种人际氛围即影响着集体的凝聚力，又影响着班级的发展水平。实践表明，班级人际氛围的好坏将对班级发展的趋势起到巨大的影响作用。氛围形成得好，人际和谐，学生尊敬老师、老师热爱学生、同学之间团结友爱，集体的凝聚力就会增强，班级工作就会蒸蒸日上；反之，氛围形成得不好，人际淡漠，集体松散，久之，各种问题、各种矛盾就会层出不穷、花样不断，班主任只能充当"消防员"和"灭火器"了，苦和累不说，而且班级管理没有多大的效果。由此可见，良好的班级氛围是一个班集体的根本所在，营造良好的班级人际氛围，是班集体建设的重要工作内容。

（一）班主任对班级氛围的影响

班级人际氛围是班级全体成员通过长时间的互动而产生的。因此，这个班级中的主体因素——班主任、学生及彼此之间的关系，都是影响班级氛围的因素。其中，班主任自身的因素起着主导的作用。

1. 班主任的人格特质

可以说班级人际氛围的形成是班主任行为的产物。班主任的言行举止、人格特质、工作风格等都在潜移默化地影响着学生的态度、行为，影响着班级的人际氛围。

人格特质是指在组成人格的因素中，能引发人们行为和主动引导人的行为，并使个人面对不同种类的刺激都能做出相同反应的心理结构。心理学家荣格（CarlJung）把人分为直觉型（Intuitor）、思考型（Thinker）、情绪型（Feeler）和感觉型（Sensor）4种。

具有不同人格特质的人，面对问题的态度与决策方式也会有所不同。作为思考型的班主任往往情绪比较自控，常能避免情绪冲动和情绪化的态度；而情绪型的班主任往往情绪不够稳定，易受外界事物的刺激和影响，也比较在乎别人的评价，容易发脾气，经不起玩笑，受不了学生的幼稚言行以及犯错误，经常会陷入不良情绪的循环中，以致影响师生关系，常会"师生对峙"，结果造成了师生之间的疏离感。

2. 班主任的领导方式

班主任的领导行为有多种方式，其中比较典型有三种情况：即民主型、权威型、放任型。三种领导方式对班级的氛围有着不同的影响。民主型的班主任，能指导班集体成员一起共同讨论班级大事，善于把班级的奋斗目标转化为每个学生的目标，能努力向目标迈进，成员间亲密合作，工作效率高，班级人际氛围和谐；权威型的班主任，常常以个人意志为中心，班级中成员的自主性、创造性无以发挥，成员缺乏合作意识。另外权威型的班主任常习惯于下任务、施压力、搞惩罚，这样的班级中的学生经常会感受到羞辱、苛责，没有安全感，班级人际氛围很淡漠；放任型的班主任，其班级成员虽然有非常大的自由，但由于缺乏组织行为，彼此之间不了解工作的目标和性质，没有共同的活动，自然班级氛围很松散。

3. 班主任对学生的态度

一视同仁的班主任，会受到全体同学的喜欢、爱戴，会使师生之间、生生之间和睦、和谐。而有些班主任对学生却很难做到一视同仁，如对某些"好学生"疼爱有加，对部分"不堪造就"的学生冷漠、歧视，对"不声不响"、"不惹是生非"的中等生不闻不问。班主任对不同学生的不同看法、不同态度，一方面会影响到学生自我观念的形成，另一方面也会影响到学生对教师、对班级的态度，是喜欢，还是厌恶。

（二）班主任营造和谐人际氛围的基本策略

1. 尊重学生的人格，晓之以理

前苏联教育家马卡连柯说道："我们的基本原则永远是尽量多地要求一个人，也尽可能地尊重每一个人。"爱默森也曾说过："教育成功的秘密在于尊重学生。"班主任要认识到学生在人格上和成人是处于平等

地位的, 在学生管理中要尊重每一个学生, 尊重他们的人格, 切忌恶语中伤, 更不能体罚或变相体罚学生。同时, 尊重学生并不是对学生放任不管, 而是要把尊重学生与对学生的严格要求结合起来。学生犯了错误, 班主任不能就此姑息迁就, 要及时给予批评教育。自然, 批评应该讲理, 以理服人, 而不是以势压人。要通过摆事实, 讲道理, 使学生心服口服。批评应建立在对学生关心和爱护的基础上, 以平等的态度, 关怀、爱护的语气, 推心置腹引导学生平心静气地认识自己的错误, 进而鼓起勇气改正错误。

2. 主动与学生交往, 密切情感

班主任不仅要成为学生的"良师", 更应成为学生的"益友"。为此, 必须放下作为班主任不应有的"盛气凌人"的架子, 使自己走到学生当中去, 了解他们的学习状况、家庭状况, 积极帮助他们解决学习、生活中的困难; 细心观察学生, 分享他们的喜怒哀乐, 成为学生的"贴心人"。实践证明, 只有当师生在感情上产生共鸣, 形成尊师爱生的氛围时, 才能真正建立起和谐、融洽的师生关系, 才能更有利于班主任开展班级工作。教师只有对学生怀有真诚的感情, 学生才能"亲其师, 信其道", 自觉愉快地接受班主任的教导。班主任可以采取经常与学生谈心, 或参与学生的一些活动来增加与学生之间的感情。如在晨会、班队会、课外活动中主动向学生靠拢, 以增进师生情感和信任度。

3. 采取"折中式领导", 民主管理

班主任是班级的领导者, 班级氛围受人格和行为的影响很大。班主任可以采用折中式的领导, 这样就避免绝对权威所造成的师生冲突和绝对放任所造成的散漫、师生疏离等弊端。

在班级管理中, 班主任不能用"权威"压制学生, 不能扼杀他们的想法, 不能教师一个人说了算。允许学生在班级管理中畅所欲言, 要多听听学生的心声,培养学生的参与意识和决策能力。集思广益、民主平等更能体现学生是学习的主人。有许多班主任在工作中征服、打动不了学生时,往往把握不住尺度,容易形成专制主义,通过高压手段来让学生害怕、屈服自己。如对犯错误的学生严厉斥责、无情责难、不容许争辩,甚至采用体罚或变相体罚的方式,大搞封建家长制的"管、卡、压",并以此强化自身威信让学生敬畏。这种不平等、不民主的师生关系常常会造成师生间的隔阂,切断了师生交往的纽带,不利于班级的建设。

二、培养正确的舆论与良好的班风

正确的舆论,就是根据是非标准做出的符合客观事实的意愿和态度。它是衡量集体觉悟水平的重要标准。形成正确的班集体舆论,有利于促进团结,有助于鼓舞学生的上进心,发扬正气,有利于班级良好人际关系的建设和组织机构的健全与完善。正确的集体舆论是学生自我教育的重要手段,也是班集体形成的重要标志。

班风是班级成员的思想、言行、风格、习惯等方面表现出来的班集体特有的一种精神面貌,是班级"个性特征"的体现。良好的班风有很强的制约功能和教育功能,并主要以舆论或规范的形式体现。良好的班风是班集体构成要素长期相互作用,不断发展的结果,是班集体形成的综合标志。

正确的舆论和良好的班风是相互联系的。良好的班风的形成,需要正确舆论的支持,而良好的班风一旦建立,又会促成良好的集体舆论。班主任培养正确的集体舆论和良好的班风,需要做好以下几项工作。

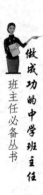
(一)加强思想教育，提高学生认识能力

正确的集体舆论和良好的班风，首先要使学生掌握正确的价值观念和判断标准，树立起正确的是非观、荣辱观和美丑观。班主任应从认真组织学生学习学生守则和行为规范入手，明确要求，教育学生形成正确的道德理念。

(二)抓好常规训练，严格行为规范

集体舆论和班风的形成是一个渐进的、不断发展和巩固的过程，班主任应从大处着眼，小处入手，从日常的学习、生活开始，严格要求学生，严格训练，教育学生从自我做起、从身边做起、从小事做起，加强行为习惯的训练和培养。

(三)培养集体荣誉感和责任感

正确的舆论和良好的班风的形成，要求每一个班级成员认识到集体的价值和作用，只有这样学生才会自觉去维护集体的声誉，明确自己的责任。集体荣誉感在集体活动中是一种巨大的心理动力，也是责任感形成的心理基础。班主任要利用一切教育时机，将学生的一言一行与整个班集体联系起来。教育每个学生明确自己对集体应担负的责任和义务。

(四)奖惩强化，树立良好风气

要形成正确的舆论和良好的班风，严明的纪律是保证。班主任要及时对好的行为给予表扬和奖励，对不规范行为要批评和抵制，努力营造以遵规守纪为荣、爱班如家的好风气。奖惩不宜太泛、太滥，奖励要以表扬和精神鼓励为主，惩罚要以批评教育为目的，不能损伤学生的自尊心，更不能搞体罚和变相体罚，不能用经济惩罚简单代替思想教育。

全国优秀班主任任小艾老师的教育经历中有这样一个实例。她刚刚任教北京第119中学时，外界对学校有一句评价是："119中门朝北，不出流氓出土匪"。

有一天任老师在楼道里看到了一个女同学，戴着红领巾，见了她向她打了个队礼，然后立正站好，还说了一句"老师好"。任老师当时特别激动，她想

到：在我们这样的学校，能对老师讲文明礼貌，这真是不多见，如果大家都能这样做该有多好啊？

于是任老师就想了一个办法，到商店买了一个同学们最喜欢的文具，然后又到政教主任那里借了一张奖状。用毛笔写了一个"文明礼貌标兵"，盖了一个政教处的章。

第二天早晨，任老师一手拿奖状一手拿奖品，进了班级。对同学们说道："同学们，我对大家不熟悉，才教了两个星期。但是昨天一个同学的表现给了我极其深刻的印象，她见了老师之后打队礼，还说了一声'老师好'，这个同学多讲文明礼貌，多有修养！说明小学老师教育得好，说明家长教育得好，我要亲自给她的小学班主任和家长写一封感谢信，感谢他们教育了这么好的孩子。同时今天，我还要在这里给她颁奖，祝贺她成为我们班的一个文明礼貌标兵。她是谁呢？她就是我们班某某同学。请你到前面来领奖。"

那是一个极其普通的女孩子。那个女孩子一听，不好意思地"哎哟"一声，站起来整了整衣服。后来她说："我没想到，任老师，我那么一个举动，你能给我那么高的荣誉，要知道我早就叫你了。"

这孩子是在表扬声中长大的，越鼓励越来劲，所以她走到前面去接奖，是怎么接的呢？是双手接奖，还对任老师鞠了一个90度的躬，并且说道："谢谢老师！"

看到这里，任小艾老师又抓住教育时机，说："她真不愧是文明礼貌标兵呀，大家看她是怎么接的奖？是双手接的奖！"

榜样的力量是无穷的。奖励的强化更给予了学生们指引和激励。第二天晨检，当任小艾老师站在教室门口，所有的同学进班个个都是打着队礼说，老师好。后来科任老师也说，任小艾你们班的学生跟别的班的学生不一样，连接试卷都用双手拿。

自此以后，一个学生带动了一个班的文明之风，一个班的文明带动了全校学生的文明礼貌。十年后，还是这所学校却成为北京市的文明单位。这一荣

誉的获得，用学校校长的话讲，与任小艾老师的教育工作有着密切关系，可以说任小艾老师的班级管理作为，是这所学校文明礼仪兴起之源。

三、选拔培养学生干部，建立班集体核心

建立一个勤奋学习、团结友爱的班集体，必须组建好班集体的领导核心，选拔能团结同学、做事认真、关心集体、愿意为班级服务的同学来参与班级领导工作。班主任能否正确地选择、使用和培养学生干部，是促进班级集体的巩固和发展，顺利完成班级的各项工作的基本保证。因为，学生干部是一个坚强集体的核心力量，是带动全班学生实现班级共同奋斗目标的积极分子和骨干，他们都是同龄人，每天和班级所有同学生活在一起，是班主任获得各种不同类型学生的思想行为信息的主要渠道，也是班主任做好政治思想工作的得力助手。

（一）认真选拔学生干部

有经验的班主任接一个新班时，不是急于配齐班委会干部，而是根据已掌握的情况，指定班级临时负责人抓好工作。同时注意物色发现班干部，待条件成熟时再正式产生班委会。因此，选拔学生干部时一般要经过指定、过渡、共举、稳定四个步骤。

1. 选拔学生干部的步骤

指定：在一个新的班级组成时，班主任除了书面材料、他人的介绍外，一定要亲自了解和观察，在经过充分的综合分析的基础上指定临时干部。

过渡：让临时所指定的干部经过一段时间的实践，同班级学生广泛接触，相互了解，并在实际工作中树立威信。

共举：由于临时学生干部已经在同学之中产生一定影响和作用，使全班成员形成一种凝聚欲望，因此，可进行民主选举，这样学生干部的产生既是选择的必然结果，也是稳定的前提。

稳定：一旦选举产生了学生干部，班主任就要组建分工，在没有特殊情况下，不要中途更换，保持学生干部的相对稳定。

2. 选拔学生干部的要求

挑选学生干部时应考虑以下具体要求：有为集体服务的思想和热情，是非比较分明，能以身作则，团结同学，有一定工作能力和威信，性格开朗，以及有一定特长等等。当然，也不能苛求他们十全十美。

全国优秀班主任魏书生曾说过：班级要实现管理自动化，先要培养一批热心于班级工作的干部。班委会委员、团支部委员、值周班长，这些干部中最关键的是常务班长。他多次强调常务班长的选择确定，是班主任新接一个班之后的一件大事。那么选择什么样的同学做常务班长呢？魏老师讲道：一有组织能力，二心地善良、胸怀开阔，三头脑聪明、思维敏捷，选常务班长主要看这三务[1]。努力培养学生干部。

3. 对学生干部的培养和教育

班主任不但要注意挑选好学生干部，而且要更多地着眼于在工作中对他们的培养和教育，使他们真正成为集体的核心。

（1）培养学生干部的独立工作能力，让他们在工作中增长才干

在实践活动中可以发现人才，实践活动也可以锻炼、培养人才。在干部确定后，班主任切忌事事大包大揽，对干部开展工作总不放心，让干部只有"虚名"，只充当"传令兵"，而不给独立工作的机会。这样不但会使班主任被班级日常琐碎事情困住手脚，同时也会贻误干部独立工作能力的形成和发展。

对学生干部要大胆放手，让他们独立地开展工作，同时又要进行指导

[1]　魏书生.《班主任工作漫谈》，漓江出版社，1993年版，第361页。

和检查,切不可撒手不管、放任自流,而是在给学生干部布置工作任务的同时,要教方法,使他们掌握一些基本的工作要求和工作技巧。比如工作前让他们把自己的想法和老师说一说,征求班主任老师的建议或意见;指导他们善于总结与思考,每隔一段时间可以对工作的状况进行小结,总结经验,改进不足的地方。在学生干部工作中班主任也应经常询问进展的情况,让班干部感觉到老师是他们的坚强后盾。同时要细心观察,当干部在工作中遇到困难,或出现了缺点、错误时,应及时给予具体帮助。每当组织一些大型的活动,如主题班会、外出参观、运动会、文艺演出、艺术节活动等,一定要把班干部召集起来,让他们先发表自己的意见,如提出活动方案、发表意见等。有了方案后再讨论是否可行,哪些细节需要改进。方案确定以后要注意周密布置,仔细分工,让班干部都能明确自己的职责,各司其职、各负其责。此外,每次活动后一定要组织班级干部进行总结,谈一谈得失和问题,为以后再开展活动积累经验。这样,通过一段时间的训练,班干部的工作能力就会逐渐提高。

（2）培养学生干部的民主意识和民主作风,使他们得到学生的支持

班主任不仅自己要具有民主意识,成为学生的知心朋友,还要培养学生干部的民主意识,使他们成为同学的亲密伙伴。作为学生干部,不仅应该在民主环境中产生,也要在民主气氛中从事班级工作。只有这样才能使干部发挥自己的聪明才智,也只有这样才能激发班级每个成员的积极性,使每个成员都体验到自己是集体的主人。由于学生干部的工作热情高,责任心很强,在开展工作时往往会以"领导自居",好发号施令、态度生硬,缺乏工作方法,常常会引起同学们的反感,甚至和其他同学发生矛盾。因此,班主任要根据实际情况教育他们树立为同学服务的思想,工作中要注意方法,要把工作热情和工作效果统一起来。

另外,要定期评论干部,以帮助他们客观地认识自己的长处与不足,

从而增进干部和同学之间的理解和信任，这也是培养中学生民主意识和民主作风的有效形式。

（3）教育学生干部严格要求自己，正确对待同学们的意见

学生干部一般都是品学兼优的学生，老师和家长也都非常喜欢他们、亲近他们，也由此会在心理上形成一种优越感和自豪感，使得有些学生干部潜伏着一种傲慢情绪，瞧不起同学，甚至存在着把老师也不放在眼里的倾向。所以，班主任要经常教育他们谦虚谨慎，严格要求自己，正确对待同学们的意见和建议。相反，如果班主任只看到他们的成绩和优点，不去或不敢评论他们的缺点和错误，就会助长他们的不良倾向，听不得半点不同意见，一意孤行，最后必然要脱离学生群体，成为孤家寡人，虽施令而无从。

因此，班主任要用一分为二的观点看待干部，尤其是得力的干部，既要看到他们的长处、成绩，又要留心他们的困难和不足。对有了缺点和错误的干部决不能姑息袒护，要进行必要的严肃批评，与同学"一视同仁"。否则，班主任和干部都会失去学生的信任，不利于干部的成长。对犯了错误的干部，要热情帮助他们认识和改正错误，不要简单罢免了事。对在学习上有困难的干部，要给予一定的照顾，适当调整他们的工作，还要具体帮助他们提高学习成绩。此外，还应结合学生干部的实际，组织和引导他们学习一点辩证唯物主义的基本观点，学一点民主集中制的基本理论知识，提高他们的思想认识水平。进而使他们能辩证地看待成绩，正确地对待同学们的意见，也能正确认识到老师的批评是对他的关心和爱护，进而增强积极进取精神，促进全面发展。

【案例】

张海光是山东省济南市历城二中的一位班主任老师，在他的班主任工作中，善于培养、指导班干部工作，善于协调班干部与学生间的矛盾。

有一天，卫生委员小新气呼呼地找到张老师，说"老师，这个卫生委员我不

当了!"。看到她气呼呼的样子,张老师猜想,一定是工作中遇到了挫折,受了委屈。于是,张老师没有急于答复,而是把她请到办公室,心平气和地了解情况。

原来,吃过晚饭后,年级卫生部检查卫生,发现班级电视机柜没有擦干净,给班级卫生量化成绩扣了分。小新顿时火冒三丈,气冲冲地找到负责电视柜卫生的小帅,手"啪"的一声重重地拍在桌子上,大声质问:"你是怎么做值日的?"小帅是个身高一米八的男生,自然不吃她这一套,把头一扬,瞪着眼睛:"怎么啦?我就是没干好,你能把我怎么着?你算老几?"小新一听,气不打一处来:"你没做好值日还有理啦?"于是,两人在教室里争吵了起来。直到自习铃声响了,两个人才在其他同学的劝说下,愤愤不平地回到座位上。

听了小新的诉说,张老师说:"老师肯定给你做主!你先回去上自习,我再找小帅了解一下情况。"张老师找来了小帅,结果小帅情绪也很激动,脸气得通红,一进门就说:"老师,电视柜我擦了好几遍呢,卫生委员故意找茬!"张老师说:"你先别急,我给你几分钟时间静静地思考,然后请你一一写出让你们两个发火的理由,好吗?"十分钟过后,小帅向张老师要了一张纸和一支笔,"刷刷"地写了起来。写好后,把纸交给了张老师,上面写着:"让我发火的理由:1. 我做值日了,凭什么找我的茬?2. 给我提意见可以,但当着那么多同学的面朝我吼,我感觉特没面子,接受不了。让小新发火的理由:1. 由于我的原因致使班级量化扣了分,她着急。2. 我在班内当着同学的面顶撞她,她面子上过不去。"看完之后张老师笑了,对他说:"你总结得很全面嘛。先看一下你让小新生气的理由:首先你值日没做好,影响了班级的形象。作为卫生委员,由于你的原因而扣了班级量化分,她很着急。相信你会理解这一点,对吗?"他点了点头。张老师接着说道:"她在全班同学面前批评你是她不对,老师也希望你能站在她的角度考虑一下:每天她都认真地督促同学做值日,非常辛苦,有时着急也是可以理解的。如果每个同学都和她对着干,那么她的工作还能开展下去吗?"小帅又重重地点了点头,有些不好意思地说:"说实话,我平时挺佩服小新的，也愿意支持她的工作。"张老师趁机说道："把自己该做的值日做好，不让小新着急就是对她工作最有力的支持。可不能总以'反正我做完值日了，管它结果如何'为借口，你说是吗？"小帅的脸顿时红了，急忙说："老师，我知道错了，我向小新道歉，向全班同学道歉！"

随后，张老师把小新叫到了办公室。小帅先诚恳地向她道了歉，张老师又把小帅写的"令双方生气的理由"交给了小新。看完后小新也不好意思地笑了："我也有不对的地方，我不该当着那么多同学的面批评他。看来，我的工作方法也该改改了。"看着这情形，张老师会心地笑了。

当班干部与其他同学发生矛盾时，班主任切不可完全站在班干部一边指责和批评另一方，这样只能激化矛盾，甚至引起师生对立。应该首先弄清楚事情的原委，再公平、公正地处理矛盾。

四、优化班级常规管理

班级日常管理是班级工作中一个重要的有机组成部分，它对于形成集体，对于培养学生的综合素质具有重要意义。要建立良好的班级秩序，保证学校教育、教学计划的顺利进行，就必须抓好班级日常管理。

班级常规管理的主要内容有：班级教学常规管理，包括维持正常的教学秩序，维护自习课纪律、考试纪律等，是建立班级良好教学秩序的有利保证。班级卫生保健常规管理，包括卫生打扫（教室内、外的清扫和保洁）、卫生习惯的培养、常见病预防等。班级行为常规的管理，包括考勤、请假制度、升旗、校服、间操眼操、课间的行为要求等。了解、研究学生的日常管理，包括写班级日记、学生周记，设立学生档案等。班级总结评比

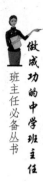
工作,包括对学生进行操行评定、"三好生"评选、班级总结及奖励等。假期生活管理,包括安全教育、学生联络网及假期作业布置等。此外,还有偶发事件的教育管理等等。

班级日常管理看起来似乎是琐碎的小事,但又十分必要。作为班主任只能做好,或者说要尽可能地做好,而不能回避。因为对学生的管理首先是从班级日常管理开始,对学生的了解也主要是在日常的学习生活过程中,对学生的教育也更多的是落实在班级日常管理中。要做好班级日常管理,提高教育效果,就必须注意科学智慧地管理,即优化管理。为此,可把握以下几点:

(一)生活常规系列化

中学生一天的学校生活大致有早晨到校、早自习、上课、眼操、间操、午休、下午上课、课外活动和清洁卫生等。班主任要根据这些环节的具体要求和内在联系,使一天的生活常规系列化。

(二)常规制度认同化

所谓制度化,就是指把常规管理的内容细目及具体标准要求及相应的奖惩方式明文规定出来,让学生具体地明确、认同规章制度,使常规管理的执行有章可循,有据可依,违规必惩。而常规制度化,就是要让学生理解、接受、认可该制度,进而自觉遵守常规,以及心悦诚服地接受违规的惩罚。

在实际的日常管理中,往往校规、班规的制度并不少,但有很多学生在执行中却"当面一套、背后一套"。究其原因,不是制度不好,不是制度不合理,而是学生没有深入理解和真正认同,因而也就不能成为学生自觉需要遵守的"规则"、"制度"。如有的班主任,做事简单,对校规班规的要求只停留于传达、告诫的层面,常常是单纯地跟学生讲,现在学校有什么规定,大家要怎样去做,否则检查、扣分、批评。这样一传达、二要求、三威胁的简单工作方式,只把"规则"、"制度"当作行政命令,没有使其真正进入学生的内心，因此也很难转化为学生的自觉行动。

针对学校、班级规章制度，如何让学生认同、遵守呢？这就需要班主任要耐心讲解，并结合具体事例有针对性地进行讲解，并组织学生民主讨论，让同学们主动地明辨是非、澄清问题、达成共识，进而增强责任意识和自律意识，保证规章制度的顺利实施。

【案例】

新年要到了，卫生委员向魏书生老师反映班级地面不干净，不仅有纸，还有瓜子壳。怎么办？如何制止吃瓜子，以及乱扔瓜子壳的问题。魏老师决定组织全班同学进行讨论。

经过讨论，全班同学基本形成共识：脏东西主要来源于吃零食。然后经过继续讨论，形成了如下认识：首先，肯定了零食的范畴：非吃饭（包括间食）时间内吃的一切食物，统称零食，特别需指出的是瓜子、冰棍、糖葫芦，这些带壳、带棍的食物，在校内吃饭时也不准吃，在校外则另当别论。其次，讨论了吃零食的利与弊。肯定吃零食当然有利，但总体而言，弊大于利。最后由全班同学讨论表决，大家通过了在校内，特别是在教室内不吃零食的决定。并讨论通过了吃零食罚写1000字的说明书，并做出了对吃瓜子、扔瓜子壳者重罚的决定，而且，还推举了一名监督员，具体负责这项"班规、班法"。

（三）管理思想"生本化"

"以人为本"是西方人性管理的重要理论思想。班级日常管理要落实"以人为本"的思想，就是要做到"生本化"，即对班级的学生管理中要树立以"以生为本"的观点，用个性化的教育管理模式调动学生的积极性、主动性和创造性，优化班级常规管理。为此，就要研究学生的起点、能力、可接受性，研究学生的需要、兴趣、积极性因素。

（四）管理过程自动化

就是放手让学生去管理，培养学生自主管理的能力，使学生们学会

思考,学会管理,最终使各项常规管理形成程序,实现自主化、自动化。班级管理自动化,切忌班主任事必躬亲,更切忌"包办"、"代替"。为此,最关键的就是要培养一批热心于班级工作的学生干部。

【案例】

一般地,迎接重大检查,都需要各班级利用两节课甚至一下午的时间进行卫生大扫除。可魏书生老师带的班级却只用15分钟就完成了大扫除任务。

一天,学校广播紧急通知,明天市里有关部门要利用星期天休息的时候,占用学校教室进行招干考试,要求下午各个班级可以用两节自习课的时间进行大清扫。

那天下午,魏书生老师没有外出,在教室里写材料,后来听到各个班级都开始搬桌椅大扫除了,就问生活委员尤亮:"咱们班怎么按兵不动呀?""老师,咱们班用不着两节课。咱们离水房近,大家分工又很具体,等别的班级干一节课咱们再干也来得及。""咱班大扫除,一次需要多长时间?"魏老师问。"15分钟就能完成任务。""哪能那么快?""老师您不信,咱就试试看,您用手表计时,我指挥。"

他走到前面,站上讲台,说"同学们请注意,我们马上要开始大扫除。这次老师要看咱们的效率,我说预备起,大家开始干,15分钟以后,老师和我检查,看谁承包的部位不合格。"

生活委员一声令下,大家立即奔向自己承包的岗位。因为班级里学生大扫除的任务都是固定的,谁承包什么任务,由自己报,然后生活委员再分配。如承包窗户的、承包门的、承包黑板的、承包讲桌的、承包四壁的、承包灯具的、承包打水的、承包拖地的、承包擦暖气的、承包风琴的、承包壁报的、承包教室外面分管区的,凡有一样活,必有一人承包,大家都争先恐后地为尽快、尽好地完成自己的任务而努力实干。

生活委员是总指挥,他不时提醒某个部位上次检查出了什么漏洞应加以注意,有五、六位同学跟在他的后面要任务。原来,这几位同学没有具体工作,属于机动人员,如果有缺席的,他们便可临时顶替,哪一处窝了工,他们可以上去突击。若没人缺席,没人窝工,他们便担任临时检查员、质量评比员。卫生委员的管理能力真是令人佩服。

不知不觉,时间过去了12分钟,不少同学已完成了任务等待着检查了。15分钟后,同学们各就各位,回到自己的座位埋头上起自习来,卫生委员请班主任魏书生老师检查。魏老师从窗台到讲桌里,到门框上,检查得很细致,每一处都干干净净。

别的班级用至少两节课时间才能完成的大扫除任务,魏老师班级的学生却仅用15分钟时间完成了。魏老师把学生们大扫除的过程比喻为现代化大生产,并感叹道:现代化大生产的特点就是专业化程度高。专业化程度越高,熟练程度就越高,劳动效率自然就提高了。

(五)管理手段艺术化

教育是一门科学,教育更是一门艺术。这里所谓的艺术,是指在班级常规管理和教育学生过程中要根据具体情况,创造性地实施教育过程。特别是在出了差错,常规要求被违反时,要注意策略,注意以教育为本,以促进学生发展为本。

【案例】

学生免不了要犯错误,犯了错误,当然要想办法帮学生纠正,魏老师常用的一种纠正方法就是请学生写说明书。

为什么要写说明书呢?魏老师说,刚教书的时候,也曾经让学生写过检讨书,结果看到的检讨书往往千篇一律:"我犯了一个大错误……给别人、给集体造成了不好的影响……我大错特错……请老师原谅……今后一定下决心改正……决心做到以下几点"。

魏老师觉得这样写,浮皮潦草,不能触及内心深处,不容易找到纠正错

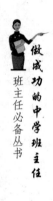

误的有效方法。于是提出写心理活动说明书。要求在说明书中基本使用心理描写的表达方法，描绘出心理活动的3张照片，每张照片上都有两种思想在争论。第一张照片，犯错误前，两种思想怎么争论；第二张照片，边犯错误，两种思想边怎样交战；第三张照片，犯错误后，两种思想作何感想。

魏老师所带的班级中有一条班规：自习课不允许说话。有一位后转到班级的同学，开头不习惯，遇到不会的问题，总不由自主地询问左邻右舍。结果，一出声就被班长发现了，班长走到他面前，也不说话，只是伸出5个指头示意，他一看便明白了，意思是500字的说明书。

于是，这位同学只好履行班规，写犯错误说明书："今天自习课我做物理习题时，遇到一道难题，怎么也想不出来解法，便想：向同桌请教吧！这时好思想提醒我：不行，这个班自习课不让说话，不让出声问问题。坏毛病说：不要紧，老师不在，干部又没注意，小点声不就行了吗！好思想干着急也管不住坏毛病。"

"坏毛病果然指挥我张开嘴巴，悄悄打听同桌这道题怎么做。同桌开头不愿理我，好思想趁机说：停止吧！别问了！坏毛病不甘心，缠着同桌，弄得人家不好意思，只好用笔给我写怎样解，我又看不懂，就又问。这时好思想说：算了吧，别问了，下课再说吧，再不停止，老师就来了，班长该注意咱了。可坏毛病正在兴头上，哪里停得住，说：不要紧，再问一问，问题就快弄清了。"

"正在这时，我的行为被班长发现了，他走过来，向我伸出5个手指头，好思想一看就明白了，这是让他写500字的说明书，便说：看看，上课说话，干扰同学自习，你问的那位同学学习计划被打乱了，自己还受到了惩罚。坏毛病说：有什么办法，这次挨罚就挨罚吧，下次不再问就是了。"写到这还不够500字，怎么办？他便进一步分析了自己的坏毛病是在什么时候、怎样一个环境中形成的。

不长时间，这位同学又不由自主地在自习课上问别人英语题，被班长发现，5指一伸，又是500字的说明书。

这样写过几次之后，他的好思想便越来越强，坏毛病在灵魂深处的地盘越缩越小，直至后来被好思想控制住，改正了这一毛病。

后来，这位同学考上了大学，来看魏老师，说"老师，幸亏我总写说明书，不仅改正了自习爱说话的毛病，还提高了作文水平。"

北京丰台区教育局丁局长问魏老师的学生："说明书和检讨书有什么不一样？"

一位同学说："过去淘气了要写检讨书，那时越写越恨老师；现在写说明书，越写越恨自己。"

写说明书与写检讨书，只是两字之差，但效果却不一样。可见，班主任抓常规管理，应注重教育方式方法的创新性与艺术性。切记，奖、惩不是目的，只是教育的手段和方式。只有能够震撼学生心灵的奖、惩才是最好的，最有效的。

五、开展积极健康的班集体活动

集体是在为实现共同的奋斗目标而进行的各种活动中形成和发展起来的。集体活动可以产生凝聚力，能使每个学生的积极性得以发挥，能使师生关系不断密切。集体活动也是学生个体实现全面发展的一个重要途径，有利于培养学生良好的思想品德，是班级目标实现的保证，是全面育人的途径。因此，一个良好班集体的建设必须通过各种活动来实现。

活动是集体的生命，但不是任何活动都会使学生受到良好教育，有利于集体的形成。活动的性质、内容、形式不同，对人影响的性质、作用也不相同。只有按教育的要求组织的活动，才能收到最佳的教育效果。所以，班主任要有目的、有计划、科学地组织开展积极健康的班集体活动。

组织集体活动的形式是多种多样的, 班级活动范围广、形式多, 其中最主要的、经常开展的是教学活动、主题教育活动、文体活动、社会公益活动等。下面重点谈谈主题教育活动的开展。

（一）主题教育活动的意义

主题教育活动, 是班级教育活动的重要形式, 是班集体建设的基本方法和途径。所谓主题活动, 是指在班主任的指导和带领下, 围绕具体问题而组织的集体性教育活动。主题活动具有特殊意义, 它比一般性的活动更富于教育价值, 更能体现素质教育的基本理念, 更能发挥学生的创造精神, 是学生展现潜能和才华的舞台, 也是学生锻炼能力的机会。开展好的班级教育活动不仅能收到明显的近期效果, 而且能影响学生的一生。

（二）主题教育活动的范围和形式

主题活动的范围广, 形式也多种多样。从时间看, 有长期的, 也有短时间的; 从目的来看, 有行为训练、能力素质提高和思想政治教育; 从内容看, 有理想教育、集体主义教育、生活教育等; 从形式看, 有竞赛、参观、旅游等等。

（三）开展主题活动的要求

组织开展主题活动尤其要注意以下要求:

第一, 要精心设计主题。主题必须服从教育目标和班级目标, 有利于促进学生的全面发展, 有利于班集体的健全和完善。

第二, 要有针对性, 能切实解决问题。主题活动有很强的针对性和指向性, 要从学生实际出发, 充分反映学生需要, 并通过活动使学生受到强烈的影响和深刻的教育。

第三, 要面向全体学生, 充分调动每个学生的积极主动性。主题活动应体现学生的自主、自治和自动, 要确立学生在活动中的主人地位, 让每个学生都能有所学、有所乐、有所获。

第三章　抓好学习，奠定人生成功的基石

学习是中学生的主要任务，是青少年掌握知识与技能、形成良好个性品质的主要渠道和手段。对于中学生来讲，学习成就是他们在这个年龄阶段建立自信的基石，扎实的知识储备、高效的学习能力，更是奠定其人生成功的基石。班主任的重要工作之一，就是鼓励和指导学生搞好学习，努力提高学习效率，为将来走向社会奠定成功的基础。

一、端正学习态度，提高学习效率

影响学习最根本的因素是学生对待学习的态度。积极进取、认真不苟的态度可以极大地提高学习效率，是有效学习的关键条件。

（一）学习态度是有效学习的关键条件

学习态度是指学习者对待学习比较稳定的心理状态，是影响个体学习行为的内部因素，主要由学习者的认知因素、情感因素和意向因素构成，是各要素相互关联的一个统一体。

学习态度的认知因素是指学习者对学习的目的、意义的理解，对学习对象、学习内容和学习结果带有评价意义的观念和信念；学习态度的情感

因素是指学习者伴随着学习态度的认知因素而产生的情绪情感, 是学习对象、学习内容和学习结果的客观评价与学习者的主观需要之间关系的反映; 学习态度中的意向因素, 是指学习者对学习对象和学习活动的反应倾向, 表现为学习的欲求和指向。一般来说, 学习态度中的认知因素是其情感因素和意向因素产生的前提, 没有认知就没有情感, 也无所谓意向。

学习效率是学习的产出和学习的投入之比。其中, 学习的产出是指学习的数量和质量, 尤其是学习者通过学习所获得的提高和发展; 学习的投入是指学习者在学习过程中所付出的所有代价, 主要包括学习所花费的时间和精力。

学习态度的认知、情感和行为意向成分一旦确立, 就会形成清晰、稳定的起固定作用的观念, 指导学习者朝着认定的目标不断奋进。因此, 中学生一旦确立了正确的学习态度, 他就会全身心地投入到学习中去, 变被动学习为主动学习, 大大地提高学习效率。

(二)中学生学习态度的现实表现

综合分析当前中学生学习态度的现实表现, 可以归结以下四种状态:

(1)顺其自然的态度。在现实中我们会看到这样的学生, 他们对学习往往没有深入的认知, 对为什么学, 学习知识有何意义没有更多的思考, 没有目标, 因此缺乏自控力。学习过程表现出一种"顺其自然"的状态, 上课要么不听, 要么看起来在听, 实际上没怎么听; 有兴趣的听听, 没兴趣的不想听就睡觉; 作业要么随便应付, 要么抄袭, 要么不交也不写。这样的学生当受到老师批评时, 不是沉默, 就是嘿嘿傻笑。这种对学习顺其自然的态度, 主要源于对人生没有思考, 似乎处于一种人生的休眠状态还没有醒悟, 因此, 没有明确的具体目标, 对自己的生活没有主控性。

(2)马马虎虎的态度。有些学生知道学习, 也比较在意成绩, 但不善于思考，不善于分析和总结。学习中不注意细节，粗枝大叶、写字潦草、勾勾抹抹。平时作业能够完成，但是过程大多不完整，格式也不规范。学习过程中要么囫囵吞枣，仓促应付，要么偷懒怕繁，草草完成任务。多次错误的题，以后还会错。这样的学生，对学习就是一种马马虎虎的态度，他们关注结果，看重分数，但忽略过程，急功近利。这种对学习马马虎虎的态度，主要受个性、心理特征的影响，即神经活动类型的影响。

(3)高度负责的态度。这种态度的学生对学习具有高度的责任感和上进心，严谨、自律。对学习有清醒的认识，有明确的目标并且愿意为之努力。即便基础不好，缺乏学习天赋，即使对所学学科缺乏兴趣，但他们仍然特别努力、特别勤奋。他们的情感体验深刻，在他们的思想观念中，认为不好好学习，就对不起辛苦养育自己的父母，对不起寄予厚望的老师。在学习过程中非常认真，预习、复习、作业都一丝不苟，学习任务再多也要努力完成，上进心和责任心都比较强，学习有效率。这种对学习高度负责的态度，主要源于责任感的驱动，因此，学习压力也比较大。

(4)学习为乐的态度。这种态度的学生具有强烈的求知欲，愿意发问、乐于思考、享受学习的快乐。在学习过程中，积极主动、灵活高效、善于发现、乐于创新。这种以学习为乐的态度，主要源于对文化知识的内在需求，即求知欲的驱动，因此，乐于探求，乐此不疲。

很明显，持顺其自然态度的学生，投入少或没有投入，自然也没有产出；马马虎虎的态度的学生，虽有投入和速度，但因马虎，实际产出就少了，效率很低；高度负责的态度的学生，投入多，产出多，相应的效率也高；学习为乐的态度的学生，因为善于思考，总能找到最佳的方法，得到最大的收获，因此，相对来说，投入不一定增加，但产出却倍增。因此，在班主任工作中，要帮助学生端正学习态度，形成高度负责的态度，树立以学习为乐的态度，努力提高学习效率。

（三）影响学习态度的因素

态度不是与生俱有的，而是在后天的生活环境中学习形成的。人在社会中成长，其周围的一切都对他产生着影响，他也对周围的一切形成着自己的看法和价值观念。因此可以说，学生学习态度的形成，是外部影响因素与自身主观能动性相互作用的结果。

就外部因素来说，如家长的因素，家长对科学文化知识的态度，对待子女学习的重视程度，在很大程度上影响着他们子女的学习态度；再如教师的因素，教师对所教学科的态度，即对所教学科的实用价值重要性的理解，在传授学科知识时表现出的热情，对学科进展成果的关心等，必然影响学生对该学科的态度。此外，师生关系融洽与否，社会风气如何等，也影响着学生的学习态度。但外因终究是要通过内因而起作用的，那么内因作用的机制是什么呢？作为班主任必须明确这一点，才能找到发动内因的突破口。

1. 需要的满足与否与满足的程度

趋乐避苦、趋赞避惩，是人的本能。在生活中，人们对能够满足自己需求的对象，或是能帮助自己达到目标的对象，必然产生喜好的态度。反之，对阻碍目标实现或引起挫折的对象，自然会产生厌恶的态度。对于情感体验丰富的中学生来说，更是如此。在学习过程中，学生因获得知识而得到称赞，因获得知识而解决了自己所遇到的问题，因获得知识而获得了利益，这些都能激发学生对获得知识的兴趣，从而对学习有着快乐的情感体验、有着主动的积极的态度。反之，因为学习过程中而受到指责，或者受到另眼相看，或者因为学习失去大量的时间却没有成就等等，对以后的学习就会持消极的态度。

【案例】

李辉是初二学生，不爱学习，讨厌学习，甚至对学习恨之入骨。

他为何如此讨厌学习?因为他考试总是不及格。物理不及格有他,数学考试他也不及格。而且,数学老师还甩着鲜艳的粗笔在他的试卷上批道:"卷面潦草,思维混乱,简直不是人写的!"因为他想争第一,却又认为自己怎么也无法争到第一。

说起从前,李辉也有过辉煌的学绩。在小学时他是老师表扬、家长骄傲、同学羡慕的孩子,每次考试都居班级第一名,连续三年三好学生,在市"希望杯"竞赛中获得过大奖,因成绩优异,小学毕业被重点中学录取。然而,升入初中后的第一次摸底测验,他只排在班级第21名,第一学期的几次考试,也都不再名列前茅。从此,李辉便丧失了自信心,对学习失去热情,连他最擅长的数学也爱听不听,作业也马马虎虎,还看起了迷幻小说!——因为他再也不是第一!

固然李辉在学习动机方面存在着错误认知,认为学习就要争第一。但初中的实际学习中,他的目标、需求的得不到满足,多次的失败感和挫折感也是其不爱学习、厌学甚至恨学习的实际原因。

2. 对知识价值的认识程度

学生对学习无所谓,往往是对掌握知识的重要程度没有深刻地认识。当前中学生所获得的知识绝大部分都是从老师的传授、书本的学习等间接渠道获得的。这些知识经验的作用他们都没有切身感受,因此学习态度常常不够执着不够专注。但当他们在生活中亲身经历过某些事件后,再遇到此类问题则态度就会大不一样。如一旦在生活中遇到缺少知识而解决不了问题时,他们的感受就会很深,再学习时往往特别投入。由此,我们能够理解,为什么有些离开学校的学生会感叹自己在学校没有好好学习,深感后悔,原因就在于此。因此,对知识价值的认识程度,直接影响到学习态度。

3. 学习目的清晰程度

学生的学习目的是与他们对待学习的态度直接联系着的。什么样的

学习目的便会产生什么样的学习态度。研究表明，具有明确学习目的的学生，一般都能专心听讲，认真而仔细地完成作业，严肃对待考试。而学习目的不明确的学生对待学习的态度比较被动，还经常会发生抄袭作业、考试作弊等不良现象。因此，从某种意义上说，学习态度就是一个学生学习目的是否明确、是否正确的表现。正确的、高尚的学习目的，能给人以奋发向上的动力和克服困难的毅力。学习目的模糊的人，每天只能浑浑噩噩打发时光，缺乏学习的动力和足够的信心，自然造成学业成绩不良。而持有错误的学习目的的人，尽管学习上也有相当的动力，但是终究经不起困难和挫折的考验，甚至会导致某些心理疾病的产生，不能充分发挥自己的创造潜能。

由此可知，要培养学生具有良好的学习态度，班主任必须从影响态度形成的这些内在因素入手。对认识程度低的学生，要从学习过程着手，建立对学习过程的激励机制，与此同时，还要通过设置问题情境，让学生通过某些知识的学习来解决这些问题情境，这样使学生感到知识的实用价值，逐步确立知识的价值。此外，进行认知教育，帮助学生树立学习知识为人类造福的信念，为社会的发展做更大的贡献，使学生对学习具有使命感，树立远大的、崇高的理想，进而自觉主动学习。

（四）班主任应帮助学生端正学习态度

1. 在学习过程中激发求知欲

班主任应重视学习过程这个教育途径，在学习过程中，启发学生对知识的热爱和追求，诱导学生对知识价值的深刻认识与理解，鼓励学生奋发向上、认真学习。首先，依靠各学科任课教师，调动学生学习各门学科的积极性。特别是一些起始学科的"概述"课、"绪论"课尤为重要，一定要精心设计，使之成为学生打开本学科知识宝库的钥匙，既介绍本学科知识的起源与发展，也要谈它的成果与正在攻克的尖端，激发起学生强烈的求知欲望和探索的热情。发挥教师在学生科学探索中引路人的光荣职责。其次，在讲授每一节课之前，清楚地、生动地、明确地提出本节课的目的要求，结合教材内容讲明新课内容在生活中的具体意义及它在知识体系中的地位，以引起学生对知识的重视并调动起学习的积极性。教学经验表明，教师愈能在课堂教学中阐明每一具体知识的目的和意义，使学生了解这些知识所具有的价值，这种知识就愈能吸引学生产生向往与追求的意向。再次，注重教学内容与教学手段的新颖。教师如果能在讲解知识时恰当地与生活实际相联系，用现代科技发展的新成果引起学生对新异事物的探究，就会在学生心灵中产生强烈的震动，并使求知欲向更高水平发展。

2. 相信并帮助学生获得学习成功

20世纪60年代，美国心理学家做过一个著名的实验。他和助手在一所小学里，声称评估学生们的未来发展前景，并将一份最有发展前途学生的名单神神秘秘地交给教师，还要求严格保密。名单上并不全是老师熟悉的好学生，心理学家对此的解释是：评估的是发展前途如何，而不是目前的表现。

戏剧性的结果发生在八个月之后，心理学家回到这所小学检查实验进展。当初名列"有发展前途"名单的学生果然成绩进步更快、性格更开朗活泼、跟老师的关系也更好。

当教师赞叹心理学家的评估惊人准确时，研究者揭开了谜底：其实那份名单是随机选出来的，跟所谓评估一点儿关系也没有。真正影响学生表现的，是教师相信他们有发展前景后，无意中流露出的对"天才学生"的关爱和期望。

班主任在教育学生学习，端正学习态度方面，不妨善用积极的期待激励学生树立学习的信心。

【案例】

小武是各科老师眼中典型的后进生，一紧张就口吃。因此，他上课很少回答问题，即使有机会也总是一言不发。但他总是尽全力做着分内的事，上课时于老师分明感受到他对老师的尊敬和对进步的渴求。于是，决定寻找机会帮他树立自信，赢得同学们的尊重。

那天上课，于老师提了一个用原文就能回答的问题，很多学生都举起了手，其中也有小武。于老师心中一喜，说："小武，你试一试吧！"他似乎没想到老师真会叫他，神色慌张，求助似的看着老师。于老师示意："就是你，小武，大胆说吧！"他很腼腆地站起来，两眼盯着书本，嘴唇嗫嚅着，却没有念出来。教室里突然爆发出一阵笑声，小武的脸瞬间涨得通红，他放下书，不知所措地看着于老师。

于老师大声向全班学生说："小武虽然没有说出来，但我相信他一定找到了答案，只是还没有准备好怎么回答！"说着向他投去一个信任的微笑，"小武很少回答问题，今天他能够举手并且勇敢地站起来，就是一个成功的开始，让我们把掌声送给小武吧！"教室里突然安静下来，很快又响起了整齐的掌声，大家都微笑地看着小武。他们的眼神都是那么纯净而真诚。

"大胆点儿，说出来！"于老师继续鼓励小武。他似乎下了很大决心，使劲儿张了张嘴，却仍然吐不出一个字，抬起头充满歉意地看着于老师。于老师心里虽有些失望，但还是不想放弃，于是抱着一丝希望走上前去，说："让我看看你找的语句。"小武慌忙指给于老师看。答案正确，一阵欣喜，于老师刚想帮他念出来，但转念一想，或许换种方式更好一些。"小武，想让大家知道你的答案吗？那我念一句你就跟着念一句，好吗？"他轻轻点了点头。于老师念出了第一句，孩子们的目光全都落在了小武脸上，于老师也满怀期待地看着他。终于，他吐出了第一个字，接着第二个、第三个……开始他读得很不连贯，可后面已经很不错了。不等于老师读出第二个句子，他竟然自己读完了整段话，虽然不是很流畅，但的的确确是他自己读出来的。他抬起头腼腆地笑了，脸上分明带着成功的喜悦。教室里再次响起了热烈的掌声。

于老师请小武坐下，对全班学生说："只要能像今天一样，勇敢地迈出第一步，我相信所有同学都会慢慢进步，一步步走向成功!"掌声再一次响起。

以后的每节语文课，于老师都尽可能让班上几个学习吃力的孩子回答一两个问题。虽然没能看到他们的成绩有多大的提高，但于老师相信他们得到的或许远比单纯的知识更为珍贵，因为他看到，小武已经可以在全班同学面前自信而流利地背诵古诗了。

3. 进行学习目的的教育

学生的学习目的既反映了学生对学习的需要，又是社会和教育对学生的学习提出的客观要求。对中学生进行学习目的的教育，就要将社会对学生的要求与学生自身发展需要和谐地统一起来，让学生正确认识学习的社会意义，把今天的学习与未来的国家建设和民族发展联系起来，把个人的前途与祖国的命运联系起来，从而激发起为祖国、为人类而学习的极大热情。

此外，学生的学习目的，是受其年龄特点制约的。总的趋势是年龄越低，被动性越强。如初入学儿童完成作业的目的是为了不受老师和家长的批评，写完作业可以去玩。随着年龄的不断增长，世界观的逐步形成，与社会要求相适应的学习目的愈来愈占支配地位，而与学习活动本身相联系的间接兴趣和近景性目的也愈来愈深刻而稳定。到了中学，他们日益认识到能否顺利地担任工作或能否考上大学继续深造都决定于自己的学习成绩，便逐渐把未来生活道路的选择当作学习的主要动力。因此，对学生进行学习目的的教育，要注重青少年心理发展的阶段性，根据青少年学生学习活动的发展规律选择教育内容和提出要求。如在中学阶段，应将学习目的的教育与理想教育更紧密地结合起来，初中可侧重于职业理想和道德理想教育，高中侧重于社会理想的启迪与建树，将学生个人志愿与国家的需要统一起来，将个人的学习与社会建设联系起来。

二、激发学习动机，开启内在学习动力

学习动机是驱使人们进行某种学习活动、以达到一定目标的一种内在力量，它与个人的需要、兴趣等其他心理因素有着密切的关系。对于中学生来讲，学习尚属其主要活动任务，学习成就是他们在这个年龄阶段建立自信的基石。而学习动机是驱使中学生进行学习活动的内在力量，是其掌握知识、形成高尚完美品格的重要因素，同时也是其人生观的重要组成部分，是学生在整个中学阶段学习、生活的精神支柱。为此，班主任在整个中学阶段还必须持续对其进行学习动机教育。

（一）中学生学习动机的类型特点

同小学生相比，中学生已经开始理解自己学习的意义和责任，学习动机更为明确、具体。但受环境等众多因素的影响，中学生的学习动机又表现出形成上和内容上的差异。根据相关调查结果分析，当前中学生的学习动机从形成上主要有以下几种类型：

1. 依附、受迫型动机

所谓依附、受迫型动机，是指学习是为了应付"差事"，或是迫于家长、教师的压力而被动学习。属于此类动机的学生占8.3%。此类动机的学生往往厌学情绪明显，极易因学习上暂时受挫而一蹶不振、丧失学习的兴趣及信心。成绩不良者，更易自暴自弃，甚至出现逃学等问题行为。

2. 义务型动机

所谓义务型动机，是指有些中学生认为学习是给父母争气，给家族争光，或是为了报答老师、父母的关爱而主动学习。通过调查发现，在中学阶段属于此类动机的学生为13.6%。义务型动机的学生，在学习中自觉性比较强，但学习压力感较大，他们往往承受着巨大的精神负担，易焦虑和强迫。

3. 兴趣型动机

所谓兴趣型动机，是指中学生主要因对所学知识和技能的本身兴趣而产生的学习需要。此类动机的学生占33.6%。兴趣型学习动机不仅是推动学生愉快、自觉主动地学习，顺利完成学业的实际动力之一，而且是培养能力、发展个性、激发创造性思维、克服困难的重要的非智力因素。兴趣型学习动机的学生，在学习过程中有热情，能更多地体验到学习的快乐情感，但学习行为的持久性和学习内容的系统性也常因兴趣的减弱或消失而受到影响。另外兴趣型动机往往会促使中学生出现偏科现象。

4. 信念型动机

所谓信念型动机，是指学生认识到只有通过学习、努力提高自身文化水平和各种能力，将来才能成为有用武之地的社会建设人才，才能为社会做出更多更大的贡献。具有这类学习动机的中学生为44.4%。这类动机促使学生形成坚定的信念，极大地激发他们的学习热情，学习的主动性、自觉性都很强，善于克服学习中的种种困难，具有扎扎实实学习的意志品质。

综上所述，中学生学习动机呈现出不同的类型特点，其中大部分中学生的学习动机是正确的、高尚的，对学习活动具有积极和长效的推动作用，但也有相当一部分学生的学习动机是不当的、消极的，不仅影响其学习行为和学习效果，而且也会导致一些心理问题的产生。

（二）中学生学习动机形成及其功能发挥中存在的问题

中学时期与小学时期相比，学习活动、内容、方法等各方面都有了很

大不同,再之他们身心发展正处于人生的第二个高峰期,而且生理和心理的发展速度和水平又呈现出不同步、不协调的特点,行为和思想信念都很容易受外界因素的影响。致使中学生学习动机的形成及其功能发挥中常出现以下问题:

1. 学习目标的模糊性

中学生学习目标的模糊性表现在两个方面:一是学习目标不够明确。这样的学生缺少必要的唤醒水平和认知反应,听课不够专心,注意力不够集中,课后又懒于做作业,学习行为被动,不能主动寻找适合自己的学习策略、方法。二是学习目标的不稳定性。中学生心理发展具有过渡性、动荡性的特点,常使他们对自己现实的和潜在的能力缺乏认知,对客观环境也缺乏深入的了解,因此,其人生理想目标常常变更。此外,个体自身个性特点、意志品质、外界环境等多元因素也常成为中学生学习目标不稳定的影响因素。

2. 学习动机的功利性

功利性是当前中学生学习动机的典型问题。绝大多数中学生认为,优异的学习成绩是考上重点大学,将来成名得利、生活无忧的基础。因此,为了考上重点高中,为了能上名牌大学,为了将来能够有较好的工作环境,为了能够过上富裕、优越的生活而努力学习。功利性学习动机具有现实性,在一定程度上可以对学习起到推动作用,但是过强的现实性即功利性对学习也会起反作用,易走极端,如感到升学无望就会消极怠惰,甚至"破罐子破摔"。而且,学习动机的功利性过强,也常常促使学生只关心对实现自己的目标有用、有效的活动,忽视个性的全面发展和综合素质的提高。

3. 学习动机的唯兴趣性

学习动机的唯兴趣性是指一些学生仅仅以爱好、兴趣为动机来支配学习活动。有兴趣的科目就愿意学, 无兴趣的就少学, 甚至放弃学习。诚然, 学习的兴趣性在一定程度上是能够对学习产生推动作用的, 但如果只以兴趣为基础, 只凭兴趣来支配学习活动, 必然会影响到所学知识的全面性和系统性。如只对自己感兴趣的科目采取主动的学习行为, 势必会出现偏科等现象, 将影响到学生的全面发展。

4. 学习动机的外在性

学习动机的外在性, 是指一些学生的学习动力依赖于外部因素的刺激和激发, 而非内在的力量。如有的学生学习具有积极的态度和主动行为, 但其动因不是学习活动的兴趣和愉快体验, 也不是对所学知识的内在需要, 而是学习活动之外的其他因素, 如教师的表扬和认同, 团体中的好名次, 家长给予的物质满足等。无论是哪种外在的学习动机, 都会因某种因素的改变而削弱其学习的积极性。

（三）班主任如何激发和维持中学生学习动机

从当代中学生学习动机的类型及学习动机形成中存在的问题可以看出, 在整个中学阶段进行持续的学习动机教育是十分必要的。学习动机的科学激发, 有助于中学生的学习动机更加趋于正确、科学、有效、长效, 有助于中学生建立自信, 促进个性健康和谐发展。

激发中学生学习动机的途径和方法是多种多样的, 其中, 教学过程是最直接, 也是最根本、最核心的途径。班主任教师尤其要充分认识并深入挖掘教学过程中的有效因素, 激发并维持中学生学习的内在动机。

1. 启发、设疑, 在思维探索中激发求知欲

启发教学, 指教师遵循认识规律, 从学生实际出发, 在充分发挥教师主导作用的前提下, 确认学生在学习过程中的主体地位, 善于激发学生的求知欲和学习兴趣, 引导学生积极开展思维活动, 在主动探索中获取知识。思维自疑问起, 教学中适当地设置疑问, 创设问题情境, 有助于激发

学生探求真理的欲望。

教学过程中的启发、设疑，有助于激发学生的学习动机，因为中学生的年龄特征正处在从儿童期（幼稚期）向青年期（成熟期）转变的时期，这一时期学生具有双重性：独立性与依赖性、自觉性与幼稚性交错并存。在认知水平上，中学生的抽象逻辑思维快速发展起来，因而学生有接受理性知识的认知需要；在自我意识发展上，中学生的"成人感"很强，极其渴望得到他人的重视和尊重。中学生心理发展特点决定了中学生不会专心于直接"生成性"的学习过程，而更喜欢经过独立思考、自主探索的学习活动。启发式的教学有助于激发学生的求知欲，从而产生内在的学习需要，这对学习动机的长久维持是十分必要的。

2. 帮助学生听懂、学会，不断体验学习的成功和快乐

成功和快乐的情感体验，是激励和维持主体态度和行为的最直接的、最有效的内在动力。中学阶段是学生情绪情感发展的重要转折阶段，这一阶段学生的情绪情感具有易变性、冲动性和两极性的明显特点。根据学生情绪情感易冲动、未稳定，带有两极性的特点，教师应该积极培养学生学习过程中的积极情绪，防止懊恼、烦闷、压抑等消极情绪的产生。为此，班主任不仅要在教学方法上下功夫，使学生听懂、学会、同时，要通过有效的策略，让学生不断地享受"成功体验"，并且不断地加以强化，从而激发学生的学习动机。如提问或是测验时，或者各种知识或能力的竞赛活动，都应该在学生已有知识水平和能力水平上进行，让他们体验到学习中的快乐，也享受到成功的喜悦，帮助他们增强学习的信心，进而形成内在的、良好的求知动机。

3. 尊重、理解，促进学习情感和态度的迁移

心理学上把一种学习对另一种学习的影响称为学习的迁移。即学生获得的知识经验、认知结构、动作技能、学习策略和方法等与新知识、新

技能之间所发生的影响，统称为学习的迁移。从学习迁移发生的领域上看，迁移不仅发生在知识和动作的学习中，同时也发生在情感和态度的学习和形成等方面。如一个对老师倍感亲切和信任的学生，会努力学好这个老师的课程；而一个受到了老师不公正对待的学生，每当上这位老师的课时就感到厌烦。这就是一种情感和态度的迁移。美国教育心理学家布鲁纳认为，情感和态度的迁移是教育过程的核心。而在教育实践中，我们看重的大多是属于知识方面的迁移，而忽略了情感和态度方面的迁移，这对于激发和增强学生的学业成就动机是不利的。因此，在教学过程中，教师要尊重、理解学生，建立民主平等的师生关系，通过反馈和归因控制等方式使学生形成关于学习、老师和学校的积极态度，促进学生由情感到态度的迁移。

4. 善用榜样教育，培养学习的责任感

在班主任的教育工作中，要善于运用榜样的引导作用，巧用榜样的激励作用。介绍、展示优秀人物成才的过程和事迹，使学生形象地感受到优秀人物的可钦、可敬，从而在感情上、思想上、行动上学习和效仿。学生发奋学习的动力往往是先从榜样身上得到的。革命导师和领袖的丰功伟绩，英雄模范人物的光辉业绩，成功者奋发进取的足迹，无不对青少年学生有着巨大的吸引力，启迪和激发着他们的成就动机，指引着青少年的奋斗方向，甚至决定他们一生的生活道路；卓越的科学家、思想家，推动他们刻苦努力，奋发学习的崇高理想和奋斗精神，对青少年同样有着强烈的思想启迪作用和精神陶冶作用，他们在学业和求知方面的责任感、是非感、理智感、民族自豪感，无不启迪和激励着学生把努力学习和奋发进取精神建立在做一个真正的人的基础上，建立在"做一个高尚的人、纯粹的人、有道德的人"的基础上。这种做人的观念和激情必将有力地推动着学生努力学习、追求真理，在科学的海洋里畅游，奋力搏击，乐而忘返。

　　培养和激发学生学习动机的方法、方式是多种多样的。但无论多么有效的方法、方式毕竟都是手段，而不是目的。在培养和激发学生学习动机过程中，要注意克服手段目的化的现象。手段目的化，往往也是学生产生厌学情绪的重要原因之一。如"考试"及考试后的排名等，虽然可以使中学生因成绩的优异而更加努力学习，或者由"知耻而后勇"而产生刻苦学习的上进心。但是如果过于频繁地考试，把考试作为一种目的，势必会给学生带来精神上的压力。可以说，"应试"问题的出现，某种程度上就是手段过于目的化的结果。因此，在对中学生进行学习动机教育上，要注意克服手段目的化的倾向。

三、鼓励自主学习，培养自我调节学习能力

　　有很多家长和学生都反映说：在小学时学得挺好，可到了初中就渐渐跟不上，也不爱学了。也有教师反映，有的学生很努力，就是成绩上不去，也有些学生不仅学得轻松，还很高效。其实，造成如此差异的重要原因之一就是学习方法和自主学习能力的问题。为此，班主任在抓学生学习方面，不能只解决学习态度和思想认识方面的问题，还必须注重学习方法的指导，让学生科学地、高效地认识、理解、掌握和运用知识，从而让学生学会学习，自主学习。

　　【案例】

　　学生A是一名初二的学生，他天资聪颖，但在班里却成绩平平。他对各科学习谈不上有兴趣，但是很乖、很听话，上课时能够按老师的要求认真听讲、做练习，放学后也能按照父母的要求按时完成作业；他的家庭作业一般在家

里完成，有时边做作业，边听mp3，还美其名曰"自我放松"；作业完成后，能主动让父母帮忙检查；对父母检查出的错误能及时修改；课后除了完成老师布置的作业，他自己很少找一些相关的辅导书看；假期作业一般放到开学前一两周内完成，为了完成假期作业，有时晚上会学到十一二点；对于自己是否还要改善学习方法，他没有什么想法。有时候，他也希望自己的成绩能有所提高，但至于要提高到什么程度，怎么提高，他却说不上来。

学生B也是一名初二的学生，她资质平平，但成绩却总稳定在班里的前十名。上学期，她数学考试成绩不理想。她决定利用寒假时间好好补习一下数学，争取下一学期的数学考试成绩达到班里的前十名。为了补习好数学，她利用寒假的前10天复习课本内容，后20天做数学辅导书上的习题；在补习过程中，她时常对照习题答案以检查自己是否做对，是否理解了学习内容，并对有难度的习题及其解答方法做了笔记；遇到自己实在解答不出来的习题时，她请同学或父母帮助自己分析解题的思路；寒假结束前，她对自己一个假期的补习做了总结，她认为自己的数学思维有了很大的提高，下学期数学成绩提高上来肯定不在话下。

从智力上，学生A要超过学生B，但就"学习"而言，学生A的做法却远逊于学生B。学生A自己没有清晰、具体、合理的目标，也没有制订明确的学习计划，在学习过程中，缺乏主动性。相反，学生B的学习目标明确，计划得当，在学习中，善于利用各种学习策略，更善于对自己的学习加以反思，从而对自己的学习进程和成效做到心中有数。也因此，学生B的学习成绩一直很好。学生B是一个自主的学习者。

（一）自主学习的意义

自主学习并不等同于让学生自己学习；自主学习也不等同于学习策略。一个学生即使拥有许多学习策略方面的知识，但如果没有尝试这些策略的意愿，就好比一个人家中有很多书，但从来想不起看；一个人懂得各种记忆方法，但从来没有机会在适当的场合去运用，从而难以发挥其

功效。使用策略的前提是，学生必须重视学习和理解，他们必须给自己设定可以达到的、使用有效策略的目标。因此，在强调学生学习策略的同时，还要鼓励学生进行自我调节学习。[1]

（二）自我调节学习的实质

自我调节学习概念首先是由班杜拉（Bandura）在1986年提出的，其后，心理学家齐莫曼（Zimmerman）等人对自我调节学习理论进行了深入研究。

自我调节学习，是指学习者主动激励自己并积极使用适当的学习策略的学习。其实质是，学习者是主动的自我调节者；学习者能有准备地学习，采取必要的学习步骤，能调节学习，能自我反馈和评价学习成绩，并能保持注意和具有高涨的学习动机。自我调节学习者能主动去获得知识和技能，而不是依赖教师、家长或其他教育机构。

自我调节学习过程一般具有以下六个纬度：

1. 动机纬度：即为什么学的问题。大量的研究表明，自我调节学习者的动机往往都是内在动机，即基于兴趣，基于学习本身所带来的成就感。而且自我调节学习者善于运用一些自我激励的方法，如目标设定和自我惩罚。

2. 方法纬度：即怎么学的问题，如策略的运用。自我调节学习者善于选择和运用学习策略。自我调节学习者能根据不同的学习任务有选择地运用学习策略，实现学习目标。

3. 时间纬度：即何时学的问题。具有自我调节学习能力的学生能有计划且高效地利用时间。而多数中学生不能延续他们在小学阶段的优秀成绩，一个很重要的原因就是他们缺乏时间管理的观念和技能，往往将大量宝贵的时间浪费在一些无聊的事情上面。

4. 行为纬度：即是学什么的问题，有关自我调节学习者的行为表现，

---

[1] 刘儒德主编：《学习心理学》，高等教育出版社，2010年第1版，第169—170页。

是自我观察和监测的成分。要调节自己的表现，学习者必须能对自己的反应形式有一个准确的反馈，这就要求学习者能进行自我观察、判断与反思，能对自己的表现与目标的差距进行监测，当发现二者存在差距时，会分析原因并做出调节。

5. 物理环境：即在哪里学的问题，反映在学生调节物理环境的方式上。不同的学生有不同的学习风格，他们对物理环境有不同的要求。具有自我调节学习能力的学习者能意识到使自己集中注意力的环境条件和特征，并选择或组织活动以获得这种合适的环境条件，例如他们在家中学习时能远离电视等干扰。

6. 社会环境：即与什么人一起学的问题，反映在学生调节社会环境的方式上。自我调节学习者能够意识到他人可以帮助自己学习。虽然他们一般有较强的独立性，但他们明白自己的能力有限，因此在需要时会主动求助。"学业求助"是一种追求民主、独立的反映，是一种适应性策略，特别是当它被用来解决困难以达到问题掌握时。求助并不一定意味着依赖，相反，学生在学习中不断扮演的求助者和助人者双重角色，不仅能提高他们的学习技能，还能强化他们的社会技能。

根据学习者对以上六个纬度是否具有选择权，可判断其自我调节的程度。有研究表明，自我调节学习者的最重要特征是学习者拥有多种选择。学习者拥有的选择越多，自我调节学习的可能性越高。

【案例】

一个周四的晚上，某初中生正在为第二天的历史考试做最后的复习准备。在上一个星期六的晚上，她为自己如何准备这次考试制订了一周的学习计划，并且确定了学习的目标。她首先明确了哪些是必须学的内容，自己应该如何学，在什么时候完成什么学习任务。她从星期一开始学习，主要掌握学习要点和重要的历史事实。她对课本中的每一页逐一进行复习，并且通过给自己提问考试

中可能出现的题目来监控自己的学习质量。周三晚上，她意识到所学的几个历史事件记起来有困难，于是她画了一个表格，把几个事件的背景、过程、结果和影响等方面列出来。通过进行比较、对比记忆，她觉得考试碰到这些内容时，回答不会有什么困难了。大约8点钟，姐姐回家了，带来了几个同事，在客厅里大声说话。她让姐姐关照同事们要小声交谈，并且关上自己房间的门继续学习。学习了一个小时后，她发现自己笔记上的有些内容记得不详细，于是给同学打电话，把这些内容补充完整。大约9点30分，她感到自己有些疲劳，不能很好地集中注意了，于是休息了15分钟，回房间继续完成当晚要完成的学习任务。

（三）鼓励并培养学生自我调节学习

自我调节学习能力，是指学习者在提高学业愿望的基础上，通过调节认知、动机和情感意志、行为和环境等多种因素，运用有效的策略和反馈技术，实现预定目标的学习能力。培养学生自我调节学习能力，不仅能够促进学生学业水平的提高，而且能够促进学生自我管理、自我发展能力的提高。

根据自我调节学习的六个维度，自我调节学习是要解决为什么学、如何学、何时学、学什么、在哪里学、与谁一起学等学习问题。因此，培养学生自我调节学习的能力，就是培养学生在学习过程中通过其良好、健康和逐渐成熟的自我意识进行自我反思，并及时调整在学习目标、学习方法和学习习惯等方面出现偏差的能力。可以从以下几方面入手：

1. 打造自主学习的外部条件，营造自主学习的氛围

如在授课方面要改变一味讲授的方式、方法，多给学生机会让他们独立思考、合作研究，逐渐学会自主学习，对解决不了的问题教师再进行引导，或重点讲解，鼓励学生积极尝试运用自我调节学习原理去安排自己的学习，这样就能在完成教学任务的同时有效地提高学生的自我调节学习能力。

2. 指导学生制订学习目标和时间规划，实现学习的自我计划

比如计划每天完成什么，每周完成什么，每月完成什么，具体学习任务如何在时间上进行安排等等。再比如在学习过程中如何做到上课前预习，课上听讲、记笔记，课下先复习整理笔记再完成作业，作业及时订正等。

3. 指导学生积极尝试学习反思，进行学习的自我奖惩

指导学生善于每天、每周、每月都进行不同层次的学习反思，分析自己的学习状况并不断改进。比如引导学生在每天睡前，或者一个阶段后自觉分析自己的学习状况，如我的目标是什么，我现在的学习效果如何，我在哪一方面有待提高，我是怎么做的，我应该怎么做，如果能达到目标，我该给自己什么样的奖励等等。以此，培养学生对自己的学习进行反思、总结、监控的能力。

四、培养学习习惯，形成坚强的学习意志

习惯是一个人的资本，有了好习惯，一辈子都有用不完的利息，有了坏习惯，一辈子有偿还不了的债务。所以说，好习惯是一个人终身受用的财富。

所谓习惯，就是经过重复练习而巩固下来的思维模式和行为方式。学习习惯，就是在不间断的学习实践中养成的那种自然、自动的学习上的习性。学习习惯一旦养成，它便会以情不自禁、不期而至的方式持续下来，犹如物理学中的惯性力量，良好的学习习惯便会成为一种自觉的学习行为，因而能提高学习效率。

中学生学习成绩不佳与多种因素有关，其中起主导作用的是没有养

成良好的学习习惯。

（一）中学生不良学习行为的具体表现

1. 注意力不够集中

中学生处在青春期发育阶段，思想浮动较大，加之外界众多的诱因，很容易导致注意力不集中，以至于学习效率低下，直接影响了学习成绩。日积月累，逐渐与专心学习的同学在学习成绩上拉开了差距。尤其是一些留守的少年学生，缺少家长监管，他们常常会边写作业边看电视，很难静下心来专心地学习。

2. 学习生活很无序

俗话说，整洁就是效率。但有相当一部分学生，其物品摆放乱七八糟，学习用具与其他东西混在一起。各种资料东放一张，西放一张，因而找东西的时间比学习的时间还长。经常出现写作业时找不到作业本，或者上课时才发现书落在家里的现象等等。

3. 做事缺乏计划

做事拖拉，有头无尾，缺乏计划，是许多中学生中存在的不良习惯。如正准备看书，突然想起有事还没有做，于是放下书本就走；学校举行学科竞赛，突然心血来潮要学习，买了好几本学习资料，结果没有看几页就扔在了一边，以后再也不提。因此，浪费了不少时间和精力却毫无收获；还有些同学在看到同桌的同学在做数学作业，自己也拿出数学书；听到后面的同学讨论一道物理题，自己也翻开物理书，猛然抬头看到黑板上写着："明天交作文"，又开始琢磨作文——于是，三心二意，没有明确目标的推动，缺乏计划性，也就没有单位时间里较高的学习效率。

4. 学习依赖的习惯

不懂就问，是一种良好的品质。但有些中学生由于长期以来对教师、家长、家教的依赖，有的已经养成了依赖于问同学，依赖于看指导书，依赖于网上查找，依赖于听老师讲。甚至有的已经习惯于等着抄袭，这种习惯所产生的惯性作用又会渗透到他们生活的方方面面，使他们逐步形成不动脑、不思考、害怕困难，遇到困难就退缩，如果困难再大，甚至会逃避，如不想上学等等。

（二）中学生要养成的良好的学习习惯

1. 独立完成作业的习惯

作业是教学活动的重要组成部分和自然延续，是学生最基本、最经常的独立学习实践活动，也是反映学生学习情况的主要方式。做作业的同时也是一种学习和积累的过程。中学的作业一般包括两大部分，一是书面的，二是看书思考或实践操作的。

做作业的目的是巩固所学的知识，是培养独立思考能力，不是为了交教师的差，或是应付家长。有的学生做作业的目的不明确，态度不端正，采取"拖"、"抄"、"代"等等方式。有的学生好高骛远，会做的马马虎虎，不会做的就不动笔。结果简单的题会而不对，复杂的题对而不全，这些不良习惯严重地影响了学习效果。所以要重视做作业，要养成独立做作业的习惯。在做习题时要认真思考，总结概念、原理的运用方法、解题的思路、并且尽量多记忆一些有用的中间结论。

2. 多思、善问、大胆质疑的好习惯

学习时要严肃认真、多思、善问，才能有真知与卓见。"多思"就是把知识要点、思路、方法、知识间的联系、与生活实际的联系等认真思考，形成体系。"善问"不仅要多问自己几个为什么，还要虚心向教师、同学及他人询问，这样才能提高自己。而且还要在学习的过程中注意发现问题，研究问题，有所创造，敢于合理质疑已有的结论、说法，在尊重科学的前提下，敢于挑战权威，要做到决不轻易放过任何一个问题。

敢于质疑，是一种积极的求知态度。学习中要积极养成善于提问的

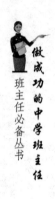

好习惯。班主任要积极鼓励学生质疑问题,带着知识疑点问老师,问同学,问家长。提问是主动学习的表现,能提出问题的学生是学习能力最强的学生,是具有创新精神的学生。由于社会发展的日新月异,知识更新的速度越来越快。因此,让学生在学的过程中不断产生疑问,培养他们质疑问难的习惯,是当代信息社会人才的基本素质。

3. 善记笔记的好习惯

俗语讲:好记性不如一个短笔头。古语云:不动笔墨不读书。要取得良好的学习效果,上课记好笔记是重要的一环。记笔记除了能集中自己的注意力,提高听课的效率外,对课后复习也有很大的帮助。做好听课笔记,有助于确保学生的思维进程与教师的思维进程的一致,有利于集中注意力,避免一些与学习无关的杂念进入头脑,避免思维"溜号"。因此,在专心听讲的同时,要动笔做一些教师反复提示、提醒的知识要点、解题思路等,也可以根据自己的学习情况,适当做一些简单记录或记号。对重点内容、疑难问题、关键语句进行"圈、点、勾、画",把一些关键性的词句记下来。有实验表明:上课光听不记,仅能掌握当堂内容的30%,一字不落的记也只能掌握50%,而上课时在书上勾画重要内容,在书上记有关要点的关键的语句,课下再去整理,则能掌握所学内容的80%。

记笔记还要养成事后整理和复习的良好习惯。随着中学课程内容的增多和复杂化,记笔记有助于抓住重点。如果因时间限制,当堂记的东西较零乱,那么课后就要进行整理,使之全面、有条理。整理笔记的过程,还宜于锻炼自己分析、归纳的能力,因此,是学习的有效过程。

4. 有计划学习的习惯

有计划有任务地学习,就能够有效利用时间。平时要学会养成每天早上起来就对一天的学习有个大致的安排,上学后根据老师的安排再补充或调整、修改。什么时间预习,什么时候复习和做作业,什么时间阅读课外书籍等, 都做到心中有数。并且, 一件一件要按时完成。一般来说, 早晨空气清新, 环境安静, 精神饱满, 这时最好朗读或者背诵一下需要强记的内容; 上午要集中精力听好老师讲课; 下午较疲劳, 应以复习旧课或做些练习题为主; 晚上外界干扰少, 注意力容易集中, 这时应抓紧时间做作业或写作文。长此坚持下去, 就会形成科学利用时间的良好习惯。

5. 立即行动, 不拖延的习惯

很多学生在学习上有计划, 但不能立即行动, 经常拖延时间, 以至作业完不成, 甚至最后根本不去完成。克服拖延的毛病, 就要养成立即行动, 不犹豫的习惯。具体说就是果断做决定的习惯, 做了决定, 就持乐观心态坚持, 切忌优柔寡断, 更切忌一天之内数次改变计划, 不要让时间无端地浪费在犹豫上。

【案例】

赵德民同学性格开朗, 胸怀开阔, 人送绰号"大海"。他有一副好嗓子, 唱起歌来嘹亮动听, 一曲"垄上行"使他的名声大振。

一天, 他上课迟到了, 按规矩该唱一支歌, 站在全体同学面前, 他羞红了脸, 犹豫着想唱又不想唱, 摸鼻子、抓耳朵的, 时间一分一秒流逝着。

魏老师大声说: "做好事, 别犹豫, 被犹豫挡住什么也做不成, 耽误了时间, 平添许多遗憾, 怎么办? 把挡在前面的犹豫往旁边一推, 一挺身, 立即干起来, 心情会好得多。我喊一、二、三, 赵德民! 开始唱! "

果然, 他抬起头, 放声唱起来。刚唱完, 同学们报以热烈的掌声, 从掌声和同学们的目光里, 赵德民受到了鼓舞。

不仅唱歌这一件事, 别的事赵德民也犹犹豫豫, 失去了很多时间。他答应负责给班级买窗帘布, 过了一个月也没买来, 到了第二个月, 别人一再催促他才买来。他上午拿到教室, 交给班长, 班长用一个午间就把4个大窗帘做好了。

魏老师对赵德民说: "就买布和做窗帘这两件事来说, 哪件事容易? "

"当然买布容易。"

"可你做容易的事用了一个半月，人家做难事用了一个午休。差距在哪? 在于你犹豫，人家果断。你不是不想买，而是总想今天买还是明天买，上午买还是下午买，饭前买还是饭后买。"他笑了: "我真是这样想的，老师你怎么知道? ""我也吃过犹豫的苦头嘛!结果累计犹豫的时间都远远超过了买窗帘的时间。"

赵德民说: "我犹豫的时间得超过买窗帘实际所用时间的两三倍。"

"你学习成绩不理想，重要原因在于你的犹豫挡着你的智力，横在前面阻拦你做实事，夺去了你大量的时间。"

"我写作业、做练习、写日记真是这样先犹豫很长时间，实在拖不过才做，有时已没时间了，只好拖到第二天、下一周，越推越多，就更不愿做了。"

犹豫是时间的盗贼，许多宝贵的时间在犹豫之中溜走了。如果认真计算一下，许多人一生中，会有五、六年的时间被犹豫偷走。

犹豫又是机会的冤家对头，许多良机就是由于人被犹豫占有，它才离人而去的。

好犹豫的人，对事情毫无理由地放着不做，一篇文章，想写又不想写。而不想写，只是由于懒，过一会儿吧，下一个小时再写吧! 明天写也来得及。而此文不写，并不是由于手头有别的文章要写或别的事情要做。

还有一些人的犹豫，是因为眼前要做的事中有选择的余地，有大小之分、主次之分、难易之分。犹豫一番之后，大、主、难的事便被往后排了，待到做完小、次、易的事之后，又去选择一些小、次、易的事和大、主、难的事相比较，犹豫一番之后，照例去做前者。如此者五六番，大事、主要的事、难事面前始终站着个犹豫，排不上被完成的号。

另有少数人，犹豫是由于存在想把事情做得尽善尽美的心理。一件事不做则已，做就要无瑕无疵，尽善尽美，让谁都得给自己叫好。并以为万一出了漏洞便不得了，自己给自己施加障碍，制造紧张气氛，以至于由于想不出万全之策,而将该做的工作一直撂在犹豫后面。

怎么推开犹豫,魏老师跟全班同学一起研究,一起找策略。

对于懒所导致的犹豫,不妨挑自己喜欢做的事,抓过来先干着,干完一件,再找一件喜欢的事,从一大堆事里往外挑最喜欢的,容易使心理轻松愉快。最终剩两件事时,仍有一件是比较喜欢的,最后只剩了一件,负担轻了,做起来就容易了。

对于两件事不知做哪件好所导致的犹豫,立即采取一种较快的选择方式,不妨用扔硬币等简单、迅速的方法来确定,这样很容易便把犹豫推到了一边。

对于为难导致的犹豫,则用"明知山有虎,偏向虎山行"的话来激励自己,然后数3个数,数完一、二、三,不管多难,立即开干。这样时间长了,真的便养成了专找难事做的性格。

对于害怕失败产生的犹豫,则想:"先干着,遇到困难再说。""先干,干坏了再重干。""车到山前必有路,车先走,没路了再找"……

推开犹豫的方法应该不少于100种,每位同学犹豫的原因不同,犹豫的方式不同,推开的方法也不尽一致,但一定要重视这一问题。有了犹豫的毛病,要千方百计地治。只要立足治,就会摆脱由于犹豫阻碍自己发展而产生的苦恼,都能够变成坚决果断、说干就干、雷厉风行的人。

(三)如何培养学生养成良好学习习惯

1. 培养自觉性,形成坚强的意志力

要使学生能有意识地养成一种良好的学习习惯,首先,必须让他们明白为什么要养成良好的学习习惯,让他们体验到良好的学习习惯的巨大作用。其次,必须让学生认识到坚强的意志是养成良好学习习惯的保证,只有持之以恒,才能习惯为一种品质,才能自觉自动。

2. 严格要求,反复强化

要培养学生良好的学习习惯,必须对他们严格要求。给他们制订一

73

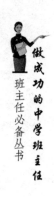
些严格的学习规范与制度，必要时可让家长监督执行，做到持之以恒，最终实现养成良好的学习习惯的目标。

3. 整体培养，相互促进

对中学生来说，要养成的良好习惯颇多，诸如生活习惯、卫生习惯、劳动习惯等，最重要的是生活习惯，因为一旦养成了良好的生活习惯，不仅为形成良好的劳动习惯、卫生习惯打下基础，也为形成良好的学习习惯创造了有利条件。因此，要形成良好的学习习惯，必须与培养良好的生活习惯结合起来。

4. 消除恶习，破旧立新

要养成良好的学习习惯，还必须要求学生自觉地抵制不良习惯，并用良好的习惯代替它，即"破旧立新"。要做到这一点，首先，要认识坏习惯的危害性，下决心改掉它；其次，要落实具体措施；最后，还要杜绝"下不为例"。关于这一点，美国心理学家詹姆斯明确指出："每一回破例，就像你辛辛苦苦绕起来的一团线掉下地一样，一回滑手所放松的线，比你许多回才能绕上去的还要多。"

良好学习习惯的培养是一个长期的过程，是磨炼学生坚强意志与良好品格的过程。因此，作为班主任要增强责任心，根据学生的年龄及个性特征，有的放矢地开展教育教学工作，长期抓、反复抓、抓反复，使中学生逐步形成良好的学习习惯。

第四章　爱心普照，促进每一个学生成长

前苏联教育家苏霍姆林斯基曾经说过，每一个学生都各自是一个完全特殊的、独一无二的世界。每个学生都有自己的特点、兴趣、情感和需要，具有不同的发展水平。要让不同的学生都有所提高、有所发展，班主任必须根据学生的个体差异，采用不同的方法做好学生的个别教育。

一、正确对待优等生

优等生一般指在班级中德、智、体、美各方面发展比较好的学生。这类学生在班集体中是骨干，是班主任和教师的得力助手，是教育的方向，在同学中有威信、有影响。因此，优秀生的培养和教育对班集体建设关系重大。

(一)优等生的共性特点

(1)学习成绩优异，听话懂事。优等生们大都聪明好学，学习主动自觉，能不折不扣完成老师布置的任务，懂事地为老师分担工作，深受老师的喜爱。

(2)思想不成熟，自大自负。许多优等生被学习成绩优异的光环笼罩

着，觉得自己什么都好。聪明的头脑觉得什么都新奇，什么都想接触，但对可能出现的困难和挫折却考虑不多，容易轻听轻信，缺乏独立思考。顺利时，骄傲自满、自高自大，看不起其他同学，听不进任何不同意见。只能听表扬，不能听批评，遇到困难和挫折时，没有毅力和恒心，容易自暴自弃，丧失信心。

（3）心理承受能力差，经不起挫折。优异的成绩，自负的性格容易使他们看问题易看现象忽视本质。有时凭血气方刚，凭着青少年固有的自尊心、好胜心去做事情，缺乏对事物的深刻分析、了解和认识，经不起打击，因而极易走极端，以至犯错误。

此外，还有一部分优等生自私自利，不关心集体，看不起学习差的同学，当着老师面是一套，背着老师又是另一套，不受同学欢迎，在班集体中产生消极影响等等。

（二）对优等生的教育

1. 全面、客观评价优等生

评价一个学生的优劣，不能只有一项指标，尤其不能只以学习成绩的高低为标准，而要看综合指标，即要看学生的思想品德表现、科学文化知识、身体各方面是否和谐发展，尤其要重视学生的思想道德品质的表现。对优等生应用全面的、辩证的观点来看待。优等生不是完人，也需要一分为二地看待。班主任要看到他们优秀的主流，肯定成绩，创造条件扬其所长。也要正视他们的缺点与不足，实事求是地对待他们的缺点和问题，满怀信心地做好教育引导工作。特别是优秀生优越感强，容易产生骄傲自满，处理不好与一般学生的关系。班主任要经常教育他们在成绩面前看到不足，在表扬中看到差距，能够正确地评价自己和他人，搞好同学间的人际关系。使他们在德、智、体、美、劳等多方面都得到充分发展，成为身心健康、素质较高、社会适应性良好的一代人才。

2. 严格要求优等生

就教师的角度来说,对优等生是关爱有加,有一点进步、一点成绩往往就会大加赞扬,但对他们身上的缺点往往忽略,即使发现他们身上有缺点,也常是简单说几句,生怕让好学生受了委屈、扫了威信。如果有人反映优等生的问题,班主任往往也是听不进,认为是吹毛求疵、是嫉妒。在教育管理上对优等生也往往忽略,认为他们觉悟高、表现好、自我管理能力强,因此,对他们思想上的波动往往不能引起重视,不能及时教育引导。

俗话说"金无足赤,人无完人"。优秀生和其他同学一样,都是有待教育的学生,在他们身上同样存在着这样、那样的问题。之所以称他们优秀,只不过是在较多方面优于其他同学,而在个别方面可能还不如其他同学。如果对他们不严格要求,只是无原则地偏爱、迁就、袒护,必然会影响优等生的健康成长。

常言道,"严是爱,松是害"。因此,对待优等生要正确地处理好"严"与"爱"的关系。首先,对优秀学生的严格要求要建立在保护其好学上进的积极性上,要有利于健康成长的基础上,加强管理教育,做到严得合理,爱得真诚。其次,爱要以严格要求为基础,体现在对他们真正的关心帮助上。做到放心不能放松,表扬不忘批评。既要防止过度严厉,挫伤他们的积极性,使他们无所适从;又要反对过分的溺爱,放松管理,放任自流,以助长他们一些不良的思想。所以,"严"与"爱"都要适度,才能像两只强有力的翅膀载着优等生飞向成功的彼岸。

3. 以发展的眼光,进行合理有效的提高教育

优等生一般都具有言行一致的意志品质,有着积极向上的生活态度,有强烈的求知欲和创新精神。但是,班主任仍不能忽视对他们进行学习目的的教育,要端正他们的学习动机,树立为祖国、为民族发奋学习的崇高志向,不断向他们提出新要求,引导他们向更高的目标奋斗。

同时，由于他们的成绩优异，在班上所处的位置与其他同学不同，学业与思想上的追求会更多更高，班主任要针对这种情况，给他们创造良好的环境和条件促其提高。

4. 对优等生进行有效的耐挫教育

成功的路上不可能一帆风顺，不能经受坎坷、波折的人，也不可能有大作为。针对优等生心理耐挫能力差的特点，应有意识地对其进行挫折教育。可以通过读书、看影视等渠道，了解伟人、名人奋斗、成功的过程事迹，使他们增加感性认识，明白"人要有毅力，否则将一事无成"。还可以组织他们参加具有挑战性的一些活动，如长跑、登山、拔河等，既感受成功的喜悦，也体会坚持下去就有可能成功的人生真谛；更要让他们品尝失败的滋味，知道"失败乃兵家常事"。这样经历多了，他们就会宠辱不惊地面对成功和失败。

总之，优等生是一个相对的概念。班主任要重视"优等生"这一教育盲区，对优等生的教育既要体现培养和爱护，又要体现严格管理和严格要求。要像对待后进生一样认真分析，具体到每一个人的个性特点，采取切实可行的措施，努力使优等生更加优秀。

二、扶持带好中等生

优等生倍受重视，后进生倍受关怀，中等生无人理会。这是学校教育，班集体教育中的客观现象。在一个班级中占绝大多数的是那些优点、缺点不大明显的中等生。在通常情况下，中等生很难受到老师特别的关心和帮助，往往失去了在老师指导下发展成长的机会。

【案例】

<h2 style="text-align:center">作文:《渴望做差生》</h2>

从一年级到现在,我一直做着平凡的中等生。做尖子生这辈子恐怕是没希望了,智力有限,还不肯整日泡在书本作业里;做差等生容易,可我又没这个胆。要是哪次我考个不及格,我妈不骂死我、我爸不打死我才怪呢!

可我真的恨自己是个中等生。老爸老妈总是这样说:"这孩子不上不下的,考名牌大学没什么指望,放弃了又太可惜,真是烦人哪!"而老师更是忽略了我,鲜花样的微笑、阳光般的温暖都给了尖子生,个别辅导的机会和一些鼓励性的话语又施舍给了差等生。我和那些"不上不下、不饥不饱"的中等生只能待在被遗忘的角落,没有阳光雨露,甚至连雨雪风霜都没有。

再想想平时,答题的机会大多数是差等生的,上黑板的良机几乎被差等生包揽;好容易有个公开课,差不多又成了尖子生的专场。"三好学生"、"优秀班干部"没我的份,进步奖、鼓励奖更是被差等生所垄断。为了不让老师忘记我的存在,只能故意制造些事端。差等生把那一点点批评都抢走了,那些批评对我来说也是爱和关注啊!

"如鱼饮水,冷暖自知",这篇典型的中等生心态实录,道出了一个事实——中等生虽然面广、量大,却处于被老师遗忘的边缘。

(一)班主任应纠正对中等生认知的误区与偏差

一般而言,班主任都会重视"两头"的学生,即"优等生"和"双差生"。班主任把平时大部分时间和精力放在学习好的和那些给班级添乱的学生身上,帮助学习好的继续努力,给班级增光;教育不听话的改邪归正,少拖累班级。而中间的"学习一般,表现一般"的部分学生,班主任往往认为是最省心的。其实,这部分学生最无奈,也最失落,且人数最多。由于他们相对自觉,不大违纪,不会给班主任带来麻烦,所以班主任对他们投入的精力也最少。殊不知,这恰恰是班主任工作中的一个误区。

其实,"中等生"从内心是十分渴望老师把关爱之手伸向自己,帮助自己的。但在期盼与等待中,多是失望的情怀。于是心里充满了无奈,在渴望甚至绝望的心境下生活到毕业。在实践中,常常会发现,一些平时表现不错的学生不知什么原因突然违纪了,究其原因,就是想让老师"关注"自己一下。

因此,在班主任的个别教育工作中,对"中等生"们这些让老师省心的学生,不能不闻不问。由于他们缺少主动性,班主任就应主动去沟通、帮助,让他们尽可能向优秀学生群体靠拢。这样,才能真正保证每个学生在原有基础上得到发展。

(二)班主任如何教育带动中等生

1. 帮助中等生确立奋斗目标

目标是人的行为所要达到的目的,是对未来的一种指向。一个人一旦确定了恰当的奋斗目标,就会激发出无穷的力量和极大的热情,就会促使自己甩掉一切包袱,克服内外困难,不遗余力地去达到这个目标。中等生往往满足于现状,陶醉于所取得的成绩,习惯于原地踏步走,认为"既飞不高,又跌不着"安全自在,无意有什么新的追求,不会积极主动地提出奋斗的目标,严重影响了自身潜力的发挥和个性的培养。因此,班主任应在全面了解中等生的基础上,分析他们的现实情况和发展趋势,加强与中等生的信息交流,促使他们发奋努力,不断进取,向着更高的目标迈进。

2. 调动中等生的积极因素

外因是变化的条件,内因是变化的依据。班主任要做好中等生的教育工作,就必须调动中等生的内在积极因素。为此,班主任要注意以下几点:

(1)引导中等生对自己有一个正确的认识

帮助中等生正确认识自己的长处和短处,其中认识自己的长处特别重要,这一点恰与对优秀学生的教育相异。当班主任引导他们进行自我分析，使他们发现自己尚未意识到的优点与长处时，他们就会像发现新大陆般地由衷惊喜，自信心就容易确立，前进的力量便由此激发。

(2)培养中等生的自信心

成功的经历与体验是树立自信心的有效途径。班主任应诱导、鼓励中等生积极参与班集体的活动，让中等生在集体中找到自己的位置，培养他们的自信心和创造力。如有的班主任采用班干部轮换制；有的班主任采用"每日班主任助理"的做法，使中等生有了展示才能的机会，激发了中等生高度的集体责任感和上进心。

(3)指导中等生克服困难，积极进取

有了奋斗的目标，有了前进的信心，若没有坚强的意志和科学的方法，也将一事无成。因此，班主任应经常与中等生接触，了解他们前进中遇到的问题，并针对具体情况，随时随地向他们传授一些科学的方法和提供一些锻炼的机会，以增强他们克服困难的能力和勇气。

3. 防止中等生后退

班主任在对中等生积极促进、提高"档次"的同时，还要注意防止他们的后退、"滑坡"现象。在一个班里，不难发现中等生自觉性不高，自我督促的能力低，易受外界因素的影响，常常出现上下波动，忽高忽低的趋势，并不断向两极分化。如何防止他们后退、"滑坡"？如何促进他们积极转化？许多有经验的班主任的做法为：一是多表扬、多鼓励，肯定他们的长处，使他们感受到自身的价值。二是开展"一帮一"、"结对子"等活动，即在集体中让优秀生帮助中等生或后进生，使得他们共同进步。一般而言，中等生羡慕优秀生，愿意接近优秀生，希望得到优秀生的帮助。但也有一部分中等生乐于接近后进生，一方面可能认为自己有这样、那样的不足，同后进生一样没有受到老师的重视，似乎有"同是天涯沦落人"之感；另一方面也有可能认为自己同后进生相比，高他们一截，在后进生

面前自己感觉似乎是一个"强者"，能够抬起头来。所以班主任要为他们创造好条件，引导他们向优秀生看齐，以免他们受到后进生消极因素的影响，出现"滑坡"现象。三是充分挖掘和利用中等生的长处，合理安排他们承担一定的工作，促使他们严格要求自己努力向好的方面转化。

三、善于转化后进生

后进生是指在班级中思想品德和学业成绩两方面表现都较差，缺点、问题较多的学生。他们的特点是缺乏正确的道德意识，是非观念模糊，即使在一些问题上知道是与非，但因自我控制能力较差，被个人需要所驱使，经常出现不良行为。在学习上，后进生注意力往往不集中，多次失败与挫折的体验使他们失去了学习兴趣。此外，由于经常受到批评和监督，后进生对教育者往往怀有逆反心理，任性、执拗，他们的行为极不稳定，一时好，一时坏，反复无常。

后进生的转化是班级工作中的一个难点，但也应该是班级工作的一个重点。放纵后进生会导致其思想低迷、精神颓废、荒废学业、失去求知的信心，并且影响班级的学习气氛和学生的学习情绪，给班级造成严重的负面影响。因此，班主任应该认真了解后进生的特点，落后的原因，具体分析，尽最大努力做好后进生的转化工作。

（一）客观地看待后进生

后进是相对的，后进也是暂时的，是能够发展变化的。后进生思想上和品质上有不足、有缺点，但其身上也往往具有自己独特的优点。所谓的后进生也只是平时的生活学习习惯不好，如果加以管理和引导，完全有可能使其转化为一个遵守规范要求，认真上进的好学生。因此，只要正确认识和对待后进生，教育得法，持之以恒，后进生也能迎头赶上，也一定能成为社会的有用人才。因此，班主任必须树立正确的教育观，客观地看待后进生，才能在遇到困难、挫折时，不动摇、坚定不移地做好后进生的转化工作。

（二）尊重学生人格，用爱心感染学生

师爱是一种力量，师爱是开启后进生心灵的金钥匙，是通往后进生内心世界的桥梁。教师的爱对后进生转化起着重要作用。当教师用一颗赤诚之心对待后进生时，他们是能感觉到的，他们通过自己的观察和体验，体会到了教师的善意和对自己的真诚爱护，就会产生对教师的亲近感，就会敞开心扉，乐意听从教师的教诲。反之，如果教师缺乏感情，态度冷漠，甚至挫伤后进生的自尊心，就会引起后进生内心的厌恶和反抗，这种逆反心理一旦形成，就会成为教育的一大障碍。因此，对于后进生，教师要用火一样的热情，慈母般的爱心去关心他们，使他们感觉到爱就在身边。

对后进生的教育，切记简单粗暴。首先，教师必须主动亲近他们，接触他们，了解他们的内心需求，分析他们的个人想法，做他们的知心朋友，为他们排忧解难，为他们创造学习、辅导的平台。只有这样才能使他们扬长避短，看到光明和希望，才能刻苦努力学习，迎头赶上。

在教育教学过程中，有许多老师片面追求教学质量，只以学习成绩评价一个学生的操行，造成对许多学生的不良影响，特别是后进生，一旦违反纪律，老师就批评或罚站，罚打扫卫生或用尖锐的语言讽刺学生。使本来落后的后进生在身心上更加受到伤害，无形中增加了对老师的憎恨，也对老师所教学科更加厌学。因此，在教育教学中应用"爱"去感化学生、鼓励学生，不要挖苦学生、歧视学生。根据不同的对象、不同的事情，适当采取不同的方法，教师应保持良好的心态，相信后进生的转化工作一

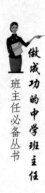

定会迎刃而解。

学生的情感需要是丰富的,也是深刻的。他们需要教师多关心、多爱护,尤其是后进生,他们更需要关心和爱护。没有爱就没有教育,爱是教育学生的前提和基础。教师只有关爱后进生,才能使他们和老师感情融洽,以便于接近他们,才能做好后进生的转化工作。

此外,思想上的关心更是一种大爱。忽视差生只能使他们更加放纵自己,产生厌学与逆反的心理,最终会走向堕落。班主任要在思想上关心他们,重视他们。自然,要针对每一个学生的具体情况,动之以情、晓之以理、正面引导,恰当妥善地做好思想转化,帮助他们形成乐观的生活态度、学习态度,树立求知上进的欲求和信心。

(三)善于捕捉闪光点

世界上没有绝对的差生,不存在没有优点的学生,再差的学生也有令其骄傲的一面。比如:语文、数学成绩差,但体育成绩很棒,劳动积极肯干,或者遵守校纪校规表现突出。教师要善于发现他们的"闪光点",哪怕是微不足道的一点点,也要及时给予鼓励、表扬。教师善于利用和发现后进生身上的"亮点"作为转化的契机,利用他们的优点,克服缺点,激发他们的学习兴趣,从而达到提高学习质量的目的,把兴趣变为动力,使其由厌学变为乐学,由怕学变为爱学。

【案例】

他,身材瘦小,似乎营养不良的样子,面色青黄,脸上也没有一丝红润,头发凌乱,眼神无光,衣服邋遢,似乎对什么都提不起兴趣。这就是程××同学,同学们很快认识了他,又很快疏远了他——因为他身上总散发出一股难闻的味道,因为他邋里邋遢的样子,因为他每天都不交作业,因为他从不主动与同学们玩耍……

班主任汪老师对他说,要记得戴胸卡,第二天全班又只有他一人忘了;语文老师对他说，字要好好写，第二天依旧龙飞凤舞；数学老师对他说，回家要完成各科作业，他点点头，第二天本子依旧空空如也……这些已足以让每个老师都冷落他了。

疏远和冷落带来了什么？同学的嘲讽、欺负，每况愈下的成绩，愈加忧郁的眼神……他的沉默和忧郁与这个朝气蓬勃的班级是那样的格格不入！

同样的年龄，同样的稚嫩，孩子间怎会有如此大的差距呢？汪老师坚信每个孩子身上都会有光亮，他会有吗？又怎么没有发现呢？如果这个孩子继续被边缘化，他会不会滑向深渊？

带着种种疑问与担心，汪老师决定请家长面谈。

请家长到校的过程也是漫长的，因为孩子迟迟不愿传话，因为家长忙于工作。终于，家长让孩子带信说第二天中午十二点半到校。孩子也很轻松似的，觉得完成了一件应该完成却一直没能完成的任务。可惜的是，家长并未如约而至。下午第一节课是音乐课，学生们说他没上课。汪老师在校门口的角落里见到了他焦急张望的身影，问起为何不上音乐课，他说是等家长来，从十二点就在校门口等了。此情此景让汪老师有些感动——觉得这个孩子在试图为家长承担责任。

假期中，汪老师决定去他家家访。他家可以说是环堵萧然，仅能遮风蔽日而已。从中，汪老师似乎理解了他的沉默，了解了他的自卑。对他多了份了解和理解后，也似乎能从一片黑暗中找到方向了，也更能静下心来慢慢去发现这个孩子的"光亮"了。

开运动会那天的中午，汪老师和学生拿饼干面包当午餐。他离家近，便回家去吃饭。汪老师开玩笑说跟他一起回家吃饭，他不置可否。回来时，他拿了个锅，还有两碗米饭、两双筷子。他顺手递给汪老师一双筷子，也没言语什么。这几样东西不精致也似乎不太干净，还引来一旁同学嘲笑了起来。汪老师揭开锅盖一看，才发现锅里不是什么香喷喷的好菜好饭，竟是他自己煮的两包方便面。汪老师顿时有些心酸，更有些感动——为这孩子的家境和他这份心。

慢慢地，汪老师发现他每次打扫卫生都很认真，发现他总是任劳任怨地为班级做事，发现他从不抱怨批评他的任何一位老师，发现他从不说同学一句坏话，发现他积累的古诗词还是很多的，发现他对物理有着极大的兴趣，发现他上课时有想发言的冲动了……

只要发现了他一点儿优点，汪老师就会在班级表扬；凡是估计他能展现自己的时候，总给他机会表现。事实证明，他是一个很聪明的男孩。当同学向他投来钦佩的目光时，他感受到了，也懂得了人应该被尊重才有价值；当他的发言得到了同学的掌声时，当他的物理考了全班前几名时，他很快有了一种成就感，也有了更大更持久的动力去努力。

他在同学心目中的地位不一样了，虽然还是那个脏脏的男孩儿，但同学对他已经不再嫌弃了。他比以前开朗了，也有了足够的自信在课堂上发表自己的见解。

当汪老师再次家访时，他已提前将家里打扫干净，还在大冬天里用冷水洗了个头……望着这个孩子，汪老师发现他的眼神不再暗淡无光，以往忧郁的面庞多了份成熟与坚定。

任何一个不起眼的孩子都有一个属于他自己的故事，任何一个看似暗淡无光的生命都有属于他自己的光亮。为人师者就是要借助他身上的这份光亮帮他点亮人生。

（四）耐心对待后进生的反复

后进生的转化是一个长期的过程，在转化的过程中，由于新的思想、新的行为习惯还不十分巩固，再加上周围各种诱因的存在，以及别人的讽刺、嘲笑，或遇到困难等，他们原有的错误思想和旧的行为习惯又会反复出现。反复是后进生思想转化过程中的常见现象。但要注意的是，这些反复并不是以往缺点、错误的简单重复。如有的学生在犯了错误受到批评时，往往表现出倔强、不服气。当他有了一点进步受到表扬之后，又出现错误行为时，只要经老师稍一指点，他们就会表现出不安和内疚，觉得自己对不起老师和同学们的殷切期望。这时，他对老师批评的态度也和以往不一样，他会感到心情沉痛。这说明反复只是形式，思想却已经有了内在的变化，当后进生一有反复，就失去教育他们的信心，这是肤浅、轻率的。在做后进生的转化工作时，班主任要有思想准备，不怕反复，对出现反复的学生仍然要满腔热情地尊重、信任他们，对他们的进步树立信心，不能急躁，不能嫌弃。即使出现反复，也要及时了解原因，分析他们的变化情况，进一步做细致的工作，耐心地、持之以恒地关心教育他们，使他们真正转变。

四、其他行为问题学生的教育

中学生的行为问题较常见，它常常与违纪、违法，甚至犯罪相关。

（一）攻击行为

攻击行为也称为侵犯行为，是指基于挫折、愤怒、敌意、憎恨和不满等情绪，有意对他人、自身或其他目标所采取的破坏性行为。中学生攻击行为的类型主要有：需求不满足型、取乐型、迁怒型、模仿型、报复型、病态型等等。中学生的攻击性行为，一般具有隐蔽性、偶然性、复杂性等特点，近年来更表现出组织性、破坏性、预谋性和手段成人化的特点。中学生攻击性行为甚至可以发展为斗殴、凶杀等恶性攻击行为，在客观上导致物品的损坏、肉体的伤害和心灵的苦痛。

一般地，内在需求和外部压力之间的矛盾冲突会导致遭受挫折的个体出现攻击性反应。影响中学生攻击行为形成的因素有很多。客观因素主要有家庭环境和社会环境。家长自身的品行问题以及对孩子的不良教

育方式都会导致青少年产生攻击性行为。社会媒体对违法、犯罪行为的报道、低级、庸俗的书籍,都会使青少年攻击性行为的发生率增加。还有学校教育者教育观念的落后、思想方面的片面性、教育方式的简单化、教育措施不得力以及教育者本身的错误行为,也会造成青少年攻击性行为的蔓延。主观方面主要是个体的道德情感低下、个体私欲膨胀、自视过高、感情冲动、自制力弱、思维幼稚、盲从等不良个性特点。

对攻击性行为的学生要注意行为转换,开展体育锻炼,让愤怒的情绪得以疏泄,还要加强舆论监督和法律制裁措施。

(二)说谎

说谎是指有意或无意地诉说与事实不相符的情况的行为。虽然说谎行为在各个年龄阶段都会出现,但青少年说谎行为的表现尤其突出,危害也比较严重。

根据说谎动机的不同可以把说谎分成:防卫性说谎、恶作剧性说谎、牟利性说谎、报复性说谎、幻想性说谎以及表现性说谎等。有些青少年由于从说谎中得到某种益处,因而常采用说谎的手段来达到自己的目的和愿望,说谎成了一种待人接物的行为模式,这种说谎就是一种品行障碍。当然,有些说谎行为是在一些病理状态下发生,如癔病性说谎等。还有的说谎甚至可能是青少年创造性思维的表现,对这些情况要注意区别对待。

对于说谎的青少年学生,班主任应当善于发现其说谎背后真正的动机与原因,对症下药,及时纠正和教育说谎学生。比如,营造诚实守信的宽松环境,避免学生为躲避惩罚而说谎,立诚信榜样,进行诚信教育等。在教育说谎学生时,班主任要调整好心态。不能只单纯地认为学生说谎就是为了欺骗班主任,就是逃避责任的行为,不能认为说谎行为不可谅解。否则,就会对学生非常反感,情绪上也就比较容易激动,处理起来就容易走极端，以至造成教育的失效。

【案例】

上午课间时，小铭对马老师说他昨天的语文卷子做好了，今天忘记带来，想下午再交。马老师同意了。可是很快，有同学告诉马老师说小铭在撒谎，他带了卷子但是没做。这种不良行为可不能坐视不理，但怎样才能让小铭深刻认识到自己的错误呢？马老师陷入了沉思。

课后，马老师把小铭叫到办公室，对他说："今天中午回家叫你父亲和你一起找试卷，然后签个字证明你是昨天做完的。听清楚了吗？"小铭点了点头。

下午第一节课课间，小铭将试卷交给了马老师，上面已经签上了父亲的名字。马老师笑了，然后假装有事要和他父亲说，让他用老师的手机给他父亲打个电话，他支支吾吾地说不记得号码了。马老师让他晚上回家问问，明天上午告诉老师就行。

第二天，马老师把他叫到办公室，问："你父亲的手机号码带来了吗？"他嗫嚅着说："老师，您原谅我吧。"然后递给马老师一张纸条。纸条上写着："昨天我的语文作业忘记做了，我想中午补上下午交，所以骗您说没带。您别告诉我爸爸好吗？"

马老师笑了，对他说："其实我有你父亲的手机号码，知道我为什么一直让你自己去联系他吗？"小铭愣住了，怔怔地看着老师。马老师说："看来你还不明白，那你再好好想想吧，想想从头到尾你犯了多少错误，明白了什么道理。下午告诉我。"

下午，小铭又来找马老师，承认自己回家根本没叫上父亲陪自己找试卷；试卷上的签名是自己模仿的；说不记得父亲的号码也是假的，小学时就能背出了。最后，他得出一个结论：做人要诚实。

马老师说："小铭啊，记住，说了一个谎，为了让这个谎言不被识破，你就要

编更多的谎言来掩饰。结果就是一次次地证明自己不诚实,失去别人对你的信任,你自己也会活得很累,希望你从这个事中吸取教训。"小铭红着脸点了点头。

马老师的上述举措,可谓"请君入瓮"治撒谎。可见,培养学生诚实的品质,不能单靠说教,有时候是需要技巧的。此例中,教师通过让学生亲身经历撒谎带来的害处,更能让学生明白诚实的重要。

(三)逃学与离家出走

中学生的离家出走行为多是由于厌恶学习、反抗教师或家长以及贪玩等原因造成的,往往是向成人权威反抗的一种表现。他们赌气背着书包离家出走,声言自己要独立生活,不再依赖父母,也不要家长、教师再限制自己的"自由"。在中学阶段,离家出走较多的是花季少女,因父母或教师反对她们交男朋友,就索性不回家,甚至与男孩未婚同居。还有的在外游荡,被社会上的坏人利用,结成团伙参与违法犯罪行为。

【案例】

学生谢某,女,1996年出生,父母离异,平时由祖母代为养育、管教,因长期缺乏父爱、母爱,做事较为散漫,曾有离家出走行为。

于2011年3月1日(星期二)中午,谢某和本班的莫某、谢某三人向其班主任请假到某集市剪发、买鞋等,到集市后,三人分散行动,待莫某、谢某剪完发后不见谢某,并在集市找也不见人便回校。班主任下午不见谢某回校,于是询问了莫某,并指示莫某放晚学后再次到官桥圩寻找谢某。于是莫某约6:00左右在集市某书店找到了谢某和以前一女同学夫妇及一中年男子在一起,莫某劝谢某回校,谢某不肯回校并说旁边中年男子是她爸爸,要跟爸爸回家,莫某又劝谢某及其父亲先打电话向班主任请假再回家,两人都答应了,谢某才回校报告了班主任,班主任打电话到谢某家里和其父亲的手机了解情况,均未有人接,便以为谢某真的和父亲回到家并在家里。

到了3月2日,班主任再次打电话向家长说明情况,了解才知道谢某在官桥圩认的"爸爸"是假的,谢某根本没有回家。于是便通知家长查找,3月2日以后至6日,班主任每天都和家长联系,并协助家长到网吧查找,都没有找到。于是3月6日晚下自修后向学校领导报告。

学校领导3月6日晚上得知信息后,马上查阅请假条、出入校门记录,找班主任、学生莫某和家长了解情况,并要求班主任立即家访,并通过其他同学了解情况,协助家长查找。通过家访了解到谢某曾有离家出走行为,其父亲也曾找过十多天,也到派出所报过案,后来谢某又从已离异母亲家回到自己家。

3月7日向教育局、镇政府、派出所书面汇报谢某离家出走情况,并要求蒙圩派出所协助查找。

3月10日从学生了解到谢某会是和她以前较要好的、未婚先孕被迫嫁人的同学覃回等人混在一起,于是学校领导联系蒙圩派出所,下午学校领导、班主任、家长以及派出所干警到覃雪芳夫家人查找,因覃某夫妇不在家,但据覃某夫家人(嫁婆)证实谢某已和本村李某到广东打工了。

于是学校领导、班主任、家长等人到广东找寻,于广东中山市小榄镇安乐市场边"信慰商场"找到了谢某。并电话报告了教育局、镇政府、派出所。

中学生离家出走的主要原因是父母或老师不尊重青少年的人格,忽视他们的独立要求,而又采用责备、谩骂、强制等手段来使之屈服。年龄偏大的学生出走的原因和手段更为复杂,如为了冒险、自暴自弃、认为流浪生活比家里自由、爱恋与性问题、对家庭歧视和虐待的反抗、不良影视榜样或坏人的引诱等等都会使他们多次出走。因此,对离家出走的中学生的教育和指导必须耐心细致,摆事实,讲道理,特别是对那些个性很强的学生,更不能采取"蛮横"手段。否则,会酿成不良后果。

1. 中学生离家出走的原因分析

中小学生离家出走的原因是复杂的,有主观原因也有客观原因。

(1)主观原因

人际关系紧张。出走的中学生大多是因为亲子关系紧张、师生关系紧张以及与同学相处不融洽，造成了心理上的压抑，感到学校、家庭环境不能给他们带来快乐。所以他们弃学离家出走，游荡，去结识"意气相投"的新伙伴，去开辟另一片"自由"的新天空。

厌学情绪。社会对学校的升学压力越来越大，学校为了追求更高的教学质量，学生的课业负担繁重，课余活动却很少，学生的厌学情绪就会产生，某种逆反心理也会形成。有些学生便以逃学或出走的方式来解脱，去追求轻松、愉悦的、没有丝毫压力的游乐生活。

性格怪僻。这种学生会对周围的人抱有敌意和戒备心理，他们常常会因为与学校或家庭的成员发生矛盾冲突而突然出走。

义气行事。中学生思想不够成熟，最讲义气，"为朋友两肋插刀"，宁肯不服从父母和老师，也不愿违背伙伴的意愿。有的学生本人并不想离家出走，可是好朋友犯错误要出走，为了表示够义气，也就陪着走一遭。

盲目效仿。当媒体披露因片面追求升学率造成一些学生压力太大而离家出走的消息后，有的学生就加以仿效，以为这是解脱的好方法。

厌恶家庭。家庭不和，父母争吵、分居、离婚会使孩子感到难堪、孤独、自卑、屈辱和痛苦，他们感受不到家庭的温暖和父母的爱。为了弥补在家庭中失去的温暖，解除心中的烦闷，满足内心的需要，他们就会到相似环境的同伴中去寻求温暖和爱。他们有共同的心理、共同的感受、共同的语言，他们常会在一起计划离家出走独立生活来改善处境。在这种心理的触动下，某件不顺心的事件就是离家出走的导火线。

角色变异。一些学生通过各种信息渠道接受了大量信息后，一部分人会对读书不感兴趣，而热衷于读书以外的东西，比如早恋、迷恋于网吧，抽烟、喝酒、看录像等。消费观发生变化，拜金倾向严重的学生，在学习中经常表现出漫不经心，逃学去挣钱，或学某些歌星、影星，离家外出闯天下，另一方面，有些学生会因无法挣钱而为生活所迫去偷盗，先偷自家、亲戚，后来会越来越严重。

威胁师长。有的学生由于某些要求得不到满足，或者对家长逼迫学习过紧而产生反感；有的对教师批评不满，对老师有意见，为了恐吓或威胁家长和老师而出走。有的学生直接跟家长讲："你再老是批评我，我就不回家了"以此威胁家长。有的学生并不真正出走，只是在同学家住几天，制造一种紧张气氛，使家长和老师屈服。

（2）客观原因

片面追求升学质量，学生不堪学业重负。传统的教育观念，一向重视程式化的知识教学，而忽视对孩子素质和创造力的培养。新课程的实施还只是浮于表面形式，有的老师不改进教法，仍是以时间加汗水来追求所谓的质量，繁重的知识学习的负担，压得学生喘不过气来。他们自己支配的时间越来越少，青春年少的心理被压抑、被窒息，心理能量被超负荷地透支，多数学生深感身心疲惫不堪，厌学情绪越来越重，便选择离家出走这一逃避方式。

教师教育方法陈旧，学生情感屡屡受挫。教育方法不当，是造成学生出走的重要原因，有的违背学生身心发展的规律，一味地靠重压让学生出好成绩；有的不顾学生的个性特点，观念陈旧，教法死板，一刀切，一样齐；一旦学生成绩不好，便极尽责难、惩罚之能事。或者讽刺挖苦，或者赶出教室、停课检查，或者打骂学生，或者借助家长的威力来慑服学生，强制转学或退学……这些做法都会损伤学生的自尊心，使他们产生对老师的不满和不信任。对于缺乏生活经验、在家得不到温暖、在学校受到歧视的初中生来说，是很难承受这样的压力的，摆脱这种环境是这类学生普遍的心理要求，采取离家出走的行动即是他们对环境的反抗。

失败体验太多，迷失了自我。在漫漫的求学路上，由于种种原因，学

生屡遭失败。而教育者如果不能够及时发现，并给予学生以有力帮助的话，则会使他们失败的体验愈积愈多，随之，对自己的自信度也就大打折扣。长此以往，这样的学生必然会对自己未来发展的目标发生怀疑，甚至动摇，就可能会茫然的去漂流、去寻找，寻找那已经失去的自我。

社会适应性差，盲目赶时髦。当前，中学生普遍把大量的时间和精力投入到繁重的学业之中，很少参加课外活动，缺乏实践经验，缺乏生活经验，很难与周围环境保持良好的接触，社会适应性差。一旦自感承受不了，就可能在行为上表现出退缩、逃避，离开现实去寻找自己理想中那没有烦恼、没有忧愁的一方"净土"，以获得最大程度的解脱。这样，他们在流亡中，遇上社会上一些不良群体的引诱，还可能参与到一些危害社会的活动中去，走上邪路。因此对社会的危害不容低估。

2. 班主任如何应对中学生的离家出走

（1）要把握学生的思想动态，做好预防工作

班主任应该多关心后进生，把关心后进生工作视为重点，帮助弱势学生，多给特殊家庭的学生送温暖，教师要主动与问题学生交流思想，时刻把握学生的思想动态，有的放矢地教育引导，多做正面教育，多与这些学生的家长和监护人联系，做到经常家访，协助他们管理好孩子，把工作做在学生出走的前面，防患于未然的发生。

（2）教育方法要科学、民主

对青少年学生的教育，一定要坚持说服教育、正面引导、因材施教，不可简单、急躁，不可笃信"棍棒教育"。要提倡民主作风，注意尊重孩子的人格和自尊，循循善诱，春风化雨。切忌居高临下，以盛气凌人的口吻去教训、指责孩子。要积极营造一种平等、和谐、轻松、自然的教育氛围，让孩子去感受、去体验，增强自我意识，产生自我教育需要，形成自我教育力量，最终达到教育者所期望的目的。

（3）注重实践锻炼，提高学生抗挫折能力

班主任可以通过丰富多彩的活动，锻炼中学生对挫折的耐受力和面对困难坚强不屈的毅力，培养中学生对目标追求的矢志不渝的精神和勇气。

（4）预防和治疗中学生的心理障碍

学生离家出走，尽管具体原因不同，但一定都存在着一定的心理问题，特别是情绪问题。班主任应加强自身的心理教育能力，重视对学生进行心理问题疏导，提高学生自信心，让中学生以良好的心态面对生活和学习。

【案例】

小萱是因为经常旷课被原学校劝退而转来的学生。因此，当学校往班级里安插她的时候，各位班主任都不愿意接收。就这样，小萱和她妈妈在学生处被"晾"了一上午。快要放学时，王老师考虑再三后决定接收她。在众位班主任的惊异目光中，王老师领走了小萱。

"王老师，别人都不要我，你怎么敢要？你不怕我和你对抗？我可是会经常旷课的。"初次见面，小萱的话就让王老师领教了她的"厉害"。

"你胡说什么，好好和老师说话。你能不能让我省点心！"小萱的妈妈因为生气而大声地呵斥小萱。

"你能管得了我？管不了就别再说废话啦。""你想气死我……"伴随着母女俩的争吵，王老师把小萱送进了教室并安排好了座位。

"王老师，上课允许不允许吃瓜子？不允许吃的话我下午就不来上课了。"当王老师准备离开教室时，小萱又提出了一个极富挑战性的话题。

"不允许吃。如果有正常原因，可以不来上课，但得请假。"王老师干脆地说。"你有胆量今天下午敢不来？"王老师看着小萱心里想。

下午，小萱真的没有来上课。这让王老师"大跌眼镜"。王老师也意识到，对小萱的旷课行为的确不能等闲视之——从她今天的表现来看，原来的学校采取劝退的方式对待她，也确实有他们的苦衷；另外，王老师也想到，对这个孩子来说，想主动帮助她的老师不多了，"弄不好"，自己将是最后一个。有了这样的认识基础，王老师便想方设法地去帮助小萱。

经过论证后，王老师选择的第一个工作着力点是和小萱沟通，先把她旷课的原因找出来，这是确定转变策略的基础。王老师以书面形式和小萱交流，他认为这样更隐秘，便于小萱接受。在沟通了一个星期后，王老师赢得了小萱的信任，小萱毫无保留地把自己的想法全部说出来了。王老师把小萱旷课的原因精心地整理后，一条一条地呈现在表格中，便于小萱清晰地认识自己。

沟通主题：小萱旷课的原因

小萱旷课的原因	对策分析
你的父母虽然没有离婚，但家庭名存实亡。你爸爸在外面又组建了一个家庭，他现在以那个"家"为主。你感到无家可归，但你又不得不回去，这扭曲了你的心灵，你对父母有很大的成见，因此你不接受他们的管理。	父母现在的生活状态你改变不了，但可以改变你对待父母的态度，并由此改变你自己。
你认为家里很有钱，继承父母的遗产就可以养活自己，学习成绩的好坏对你来说无所谓。	需要澄清认识：如果你将来自己不能挣钱，钱再多也会花光。认真学习以求一技之长，为的是你的将来。况且，钱不是人生的唯一追求，还有更重要的精神追求。
你的小学、七年级一直在一所私立学校就读，那所学校对学生的管理很松散，绝大多数学生根本不学习，你深受影响。	在新的班级，管理严格，自己要适应现在的学习氛围。
你的学习基础越来越差，落下的功课太多了。你在课堂上听不懂，老师们又不关注你，所以你不愿意呆在课堂上受罪。	先找一门你最感兴趣的课程开始追赶。

你对未来感到很迷茫,自然把握不了自己的成长。	分析自己的成长现状,明确成长方向。
你自由散漫的习惯导致了原来学校的一些任课老师的反感,所以任课老师不是很关注你。	你先改变自己的不良习惯,赢得现在的任课老师的信任和喜欢。

在经过一系列的沟通后,小萱开始有了转变的意识。紧接着,王老师决定先让小萱对某一科的学习感兴趣,靠这一点先把她留在学校。在浏览了各科近期的单元检测成绩并和小萱分析后,王老师发现小萱的英语成绩不错,而且对英语学习也比较感兴趣。于是,王老师又开始了和小萱的沟通,在界定小萱的学习现状时,王老师设计了《小萱的英语学习优势的开发》。完成现状界定后,王老师和小萱确定了转变目标和转变策略,并在实践中逐步落实。

在转变过程中,王老师还和其他任课老师通报了小萱的情况,并请他们给小萱留有转变的余地,比如,哪怕小萱在其他学科的课上学英语,各位任课老师也要暂开绿灯。另外,王老师还让小萱担任了英语课代表,小萱来学校后可做的事情更多了。不到半个月的时间,小萱的英语学习水平与原来相比大有改变。在一次单元检测中考到了91分。这时候,小萱在学校有"正经事"可干了,开始对学校有好感了。

时间不长之后,小萱不仅不旷课了,而且成了班里很勤奋的学生之一,在各方面都有了明显的进步。

(四)偷窃

偷窃不仅是一种品行障碍,也是少年违法的重要表现之一。许多青少年的偷窃行为都属于小偷小摸,既不构成犯罪,也谈不上治安处罚。但也有少数青少年的偷窃行为是严重的,甚至触犯了《刑法》,构成了犯罪。

轻微的偷窃行为与要受刑法制裁的盗窃犯之间,是没有不可逾越的鸿沟的,小偷小摸是可以发展成为盗窃犯的。开始偷窃的对象常常是

父母、兄弟姐妹、同学或小伙伴，经常得手后，他们的胆量会变得越来越大，偷窃的技巧越来越高，逐步走上违法犯罪的道路。

中学生偷窃行为往往是一种秘密窃取的方式，常有两种形式：一是"顺手牵羊"式的，本无事先的计划，在外界便利情境诱惑下，激发了偷窃的动机，实施了偷窃行为。另一种是预先计划好的，主动地找寻行窃的对象与场合，然后实施偷窃行为。这种事先有计划的偷窃更为恶劣，是严重品行障碍的表现。还有一种偷窃被称为"偷窃癖"或"偷窃狂"，它是一种冲动控制障碍，会反复出现不可克制的偷窃冲动，其偷窃行为并非出自经济目的，而是为了满足其偷窃欲望。

中学生的偷窃行为往往是老师工作中一项棘手的工作，它不仅涉及到学生的思想、道德、心理问题，还涉及到法律层面的问题。而其棘手的地方是在于如果班级中有学生遭窃，却因无法及时抓出行窃的学生时，恐将造成学生之间互不信任、相互猜忌，从而扰乱班级秩序，影响班级内部团结、学校的声誉。

那么班主任老师该怎样处理学生的偷窃行为？又该如何在不伤害学生的前提下，教育好当事人并解决问题呢？

1. 了解中学生盗窃类型，有针对性地教育

按盗窃意图，大致分为以下几类：

第一，盗窃事件针对特定同学。从作案动机上看有以下可能：

嫉妒：嫉妒类型很多，或嫉妒成绩、或嫉妒家境、或嫉妒人际关系等。

报复：失窃者因某事得罪了盗窃者同学，引起盗窃者的报复。尤其失窃者还担任班委，在处理班级事务时更容易得罪他人。具有报复动机的盗窃者大都性格内向、孤僻，不善言谈和交际，自我封闭，与同学关系紧张，精神压抑。当看到别人在自己面前谈笑风生（哪怕只是偶尔），内心更感孤独痛苦，认为别人肯定是故意气我。在报复心理的驱使下，产生了

"不让我好过，也让你尝尝难受的滋味"的想法。当看到失窃者焦急、沮丧的表情，心理上得到平衡和满足。

发泄：若失窃者在老师面前很受宠爱（可以向其他科任老师了解情况），则有可能作案者为郁郁不得志的学生。例如班主任因为同一件事表扬了失窃者，而又批评了盗窃者，就有这种可能。

第二，盗窃事件针对特定某物

虚荣心理：盗窃者可能对盗窃物性能比较了解，盗窃者恰好缺乏高质量的盗窃物，为自己的寒酸而懊恼，也可能铤而走险。虚荣心理是自尊心的过分表现，是为了引起背后普遍注意或取得荣誉而表现出来的一种病态社会心理。虚荣心的背后掩盖着的往往是自卑等深层心理缺陷。

侥幸心理：也有可能盗窃者经济条件较差，偷取盗窃物换钱或馈赠他人的可能。由于偶然的原因而得到成功，于是心存侥幸，再次伸出贪婪之手。盗窃者屡屡对某物下手，极有可能是具有畅通的销售渠道，或是盗窃物爱好者，因此乐此不疲。

第三，盗窃事件针对班主任

心理缺失：盗窃者可能缺少父爱、母爱，老师的关注等。于是以这样的方式来寻求班主任的爱或关注，拼命弥补心理上的损失。

挑衅心理：盗窃者对班主任心生不满，就可能惹点娄子，玩点出格，以此考验班主任的智慧水平。

第四，盗窃事件乃"恋物癖"所为

恋物癖是指以某些非生命物体作为性唤起及性满足的刺激物，如对异性贴身用品、异性身体的某一非性爱敏感部位的迷恋等。且以其作为屡用的偏爱的或唯一的手段。他们通过与异性穿戴或佩戴的物品相接触而引起性的冲动和性的满足。因此，常常不是通过购买这些物品，而是通过偷窃获得。恋物癖以男性居多。尤其是盗窃者还暗恋失窃者，又不善于

与异性沟通，故不排除这种可能。

第五，盗窃事件乃"偷盗癖"所为

"偷盗癖"大多是内在需要得不到满足或者缺少他人认可，当其发现盗窃既能快捷地获得物质收益，还能获得兴奋愉悦的成就感时，就会形成一种习惯性行为。明知盗窃是违法犯罪，但又无法自控。一方面，渴望不被发现；另一方面，又渴望被发现并被惩罚。若对这类人进行惩罚，则正中下怀，因为其之所以去偷盗一些自己并不怎么需要的物品，就是为了让别人，尤其是父母惩罚自己。这种惩罚会给其带来快感，所以反而会令其更加沉溺于偷盗。

第六，盗窃事件乃"顺手牵羊"

盗窃者并非有意针对某人或某物，见什么拿什么。"顺手牵羊"者极有可能是这样三类人：

贫困者：盗窃与贫困有某种程度的联系，"饥荒起盗心"说的就是盗窃与贫困之间的关系，尤其是贫困的"落魄者"。贫困的"落魄者"在中学生中常见的是有赌博、吸毒恶习的学生，一旦债台高筑、吸毒败坏家产，"落魄者"当中的少数人，就会向公、私财物伸出贼手。

游手好闲者：少数学生就是这类人。在中学生中表现为：生活没有规律，行踪诡秘；名声不好，小偷小摸，有盗窃历史；平日花钱超出其家庭经济水平，生活相当"潇洒"；语言怪异，偶尔会听到一些不知其意、莫名其妙的话，那多半是黑话或暗语。游手好闲者有时为了证明自己"能力"，极易发生赌博、赌气式盗窃。

学习或生活压力过大者：这类人希望通过盗窃释放学习、生活上的压力。这类人多是性格孤僻者，当盗窃的行为没受到及时打击时，心理障碍将反过来强化犯罪心理，即学习、生活压力通过盗窃得到释放，沦为变态心理促成的"偷盗癖"。"顺手牵羊"者多是临时决定盗窃物，且见缝插针，大多从"软肋"下手；"偷盗癖"则可能不计盗窃条件是否成熟，有时自己创造盗窃条件，极不规律。

2. 班主任调查盗窃事件需努力克服以下思维定式

（1）贫困者思维定式：班主任遇到盗窃事件，大多自觉不自觉地认为学生盗窃是家境不好的原因。事实上有时候盗窃者的家庭经济条件并不差。例如，偷盗癖往往以家境富裕者居多。

（2）品德不良思维定式：一般地，在人们的头脑中都有着"偷盗者都具有不良的道德品质"。实际上，有时盗窃者的显性品质可能还是比较好的。例如品学兼优的学生因学习或考试压力过大，为释放压力选择盗窃；学生亲情（家庭突遭变故）、友情（友谊破裂）、爱情（多为失恋）方面出现重大变故，为释放压力选择盗窃等。这些类型的盗窃具有很大的迷惑性和欺骗性，给侦破带来极大的难度。同时这也是学生偷盗与社会偷盗行为的一种区别。

（3）速战速决思维定式：许多班主任遇到盗窃事件，认为越快动手，破案成功率越高，有时候却不尽然。盗窃者在案发不久，心理戒备相当严密，经验不够的班主任常常查无所获。当盗窃者以为风声过去，则放松警惕，甚至有再次作案之心，这时候班主任再回马一枪，往往有意想不到的收获。

一旦侦破盗窃事件，班主任往往又陷入严肃处理的思维定式。事实上，诸如偷盗癖、恋物癖等往往是心理问题而非道德问题。当我们发现盗窃者，怒其不争，甚至想挥拳相向的时候，不妨想想，盗窃者可能更需要一位心理医生。虽然心理医生并非上帝，但起码可能缓解一下盗窃者心灵上的痛苦。出于爱护学生的角度，盗窃事件水落石出之日，也不应将调查结果轻易公之于众。

3. 班主任要掌握对盗窃事件的调查思路

（1）盗窃前行为调查

盗窃者在盗窃前,其心理及行为,会通过异常言、行及状态暴露出来。如近来行踪比较诡秘,尤其平时本来生活充实的学生突然会无所事事的,更值得怀疑。还有的会表现出对某个物品的特别爱好与专注等。这些都可以提供一定的信号。

(2)盗窃后行为调查

盗窃者在盗窃后,其盗窃心理及行为,也会通过异常言、行及状态暴露出来。

①来历不明:某学生突然拥有没有合理用途,或根本用不着的物品时,值得怀疑;突然拥有在某种特殊时机才需要的物品时,值得怀疑;或某学生突然赠送上述两类物品给别人时,值得怀疑。

②高消费:某学生突然拥有超出其家庭经济负担的物品(常为手机)时,值得怀疑;某学生突然请客,值得怀疑。

③可疑外出或请假:为尽快转移盗窃物品,盗窃者常常不合时宜的外出,或千方百计寻找借口请假。

④可疑交往:为尽快转移盗窃物品,盗窃者常常突然与社会人士交往,或突然与平时联系极少的同学(尤其是年级相差较大者)交往。

⑤可疑证人:面对老师的调查,盗窃者有时候会联合他人作伪证。尤其证人是盗窃者好友、哥们、姐妹时,更值得怀疑;按常理应当有多位见证人而只有一位或少数几位学生作证时,也值得怀疑;证人为胆小怕事者,可能受盗窃者胁迫。

(3)嫌疑人生理反应调查

这种调查思路适合于班主任大致锁定盗窃嫌疑人时的调查。面对老师的盘查,盗窃者会有意识地向老师提供一种虚假的、不符合事实的陈述,而又尽可能伪装让对方不知道他在说假话。说谎是盗窃者的武器。盗窃者既要说谎,又要千方百计地掩饰,以致非常复杂、紧张、恐惧、慌乱等异常心理状态交织在一起，形成沉重的心理压力，从而引起生理上的异常反应。

察言：大多数盗窃者面对老师的盘查时肌肉紧张、颤抖，导致说话结巴，前言不搭后语，逻辑矛盾；或一副事不关己之态，极不耐烦，俨然置之度外；或语言激烈，幸灾乐祸。

观色：大多数盗窃者面对老师的盘查时脉搏加快，血压升高，面部、颈部皮肤明显苍白或发红；皮肤出汗，上嘴唇、手指和手掌出汗尤其明显，并出现一系列不自然的人体动作（如搓手）；此外，眼睛是心灵的窗户，盗窃者说谎时眼睛瞳孔常常会放大。

听声：大多数盗窃者面对老师的盘查时呼吸速率和容量异常，出现呼吸变慢的情况。我们平时看到电视电影中的恐怖场面也会不由自主地心跳加快、呼吸变慢。但是，心理素质好的盗窃者可以通过伪装掩盖说谎的外在表象，从而增加谎言的识别难度。而且，调查难免受调查者主观影响，因此要慎重做出判断。

【案例】

上午课程结束的铃声刚刚敲响，就有一位学生向董老师求助：他钱包里的50元钱不翼而飞了。据他描述的情况，在第2节下课的期间他拿出钱包检查时，钱还在，但是才过了两节课便出现这样的问题，而且更加令人费解的是，第三、四节正是班主任董老师的数学课，这两节课的课间董老师都在教室里，钱居然在老师和学生的眼皮底下不见了，原因很明显，就是本班的同学做的。当这位同学把丢钱的事报告老师以后，全班同学都很自觉地站出来，打开自己的口袋和书包。董老师仔细观察了每个同学的眼色和神情，没有一个出现惊慌和不安的表情，这令董老师失望，同时也感到了解决问题的难度。午饭的时候，班上的女同学悄悄告诉董老师，这个班出现丢失钱财的事情已经不是一、两次了，而且每次的结果都是无疾而终。这正坚定了董老师的判断，肯定

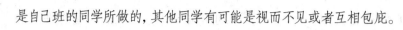

是自己班的同学所做的，其他同学有可能是视而不见或者互相包庇。

中午，董老师思索了很久：对付这样一个有"作战经验"的班级，简单的"晓之以情，动之以理"是不会行得通的，因此，必要的法律常识教育和严厉的震慑是很有必要的。于是董老师决定使用一些策略，刚好下午的第一节是班会课，这正是一个良好的班会教育内容。上课了，董老师一改以往温和的教风，把全班同学都带到操场上，对他们进行了《未成年犯罪法》教育，同时还对他们讲述了现时法律对"偷窃行为"判决的严重性并举出大量身边的真实例子。这时，有个别学生表情开始出现异常了，董老师趁热打铁，决定使用攻心计，于是对全班同学讲道："在午饭的时候，我已经观察到某些同学的惊慌行为了，老师心里已经有数，而且已经有同学私底下来告诉我是哪个同学所为，现在我站在这里跟你们耐心的聊天是为了给你们一个机会"。然后董老师一个个轮流慢慢地握住每个学生的手，并且用坚定的眼神和每个学生进行交流，和行窃的学生打起了"心理战"。在握手的时候，董老师已经基本可以确定是哪位学生所为了，因为那是夏天，而且在大太阳底曝晒下，但是居然有一位学生的手掌是冰凉的，而且从他和老师交流的眼神和表情上就已经确定了答案。于是，在班会课即将结束的时候，董老师向全班承诺：如果这位同学肯私下来向我坦白和认错，那我将不在全班同学面前揭穿他，替他保守这个秘密。说完董老师再次望了一眼那位学生，这一眼让那位学生心虚地低垂了眼。

第二天一大早，董老师刚到办公室，学生小M已经在门口等了许久了。为了遵守昨天的承诺，董老师把他带到办公室后面其他学生无法进出的地方，他如实地交代了昨天偷窃的经过和动机，并且向董老师承认了错误并且再三请求不要向同学们和他的父母公开这件事，董老师答应了他。以后，小M再也没有发生过偷窃的行为。

从这件偷窃事件的处理及结果看，作为一名班主任，对待犯错误的学生绝不能急躁，更不能用粗暴的方法去审问、责备或严加惩处，否则不但不利于解决问题,更不利于保护学生的自尊和人格,甚至会给犯错误的学生带来更大的身心伤害,造成不可预料的后果。

4. 如何对待盗窃行为的学生

对发生过盗窃行为的学生,要及时帮助教育。当然,要根据盗窃的类型,有针对性地进行思想教育。如把盗窃对象定向为特定同学的,多有嫉妒、仇恨等不健康的心理,为此要帮助该生化解心理问题,树立健康思想,养成健康人格。对有盗窃癖的学生,可以建议其进行心理治疗。

无论采用何种方式进行帮助教育,其前提都应该以保护学生的自尊心、隐私心为基础。因此,不能把盗窃者及其行为公布于众。同时也可以灵活机智地利用失窃事件,对盗窃者及全体学生进行一次深刻的心灵教育。

【案例】

秀秀已经是一名优秀的中学老师了,但在她的内心深处,永远深藏着一个秘密,同时也永远装载着一份对班主任老师的感激之情。

秀秀是一个性格内向且叛逆的孩子,因为贫穷而深感自卑。为此,她学习十分努力。可重男轻女的父亲,始终不赞成让她念书,每到交学费的时候,她都近乎哀求。一次,在苦苦哀求却没有得到回应后,她决定辍学,并把自己关在仓房里整整一天。傍晚,班主任来到秀秀家,告之其父母,秀秀一天都没去上学。家里人顿时慌了,四处寻找。当秀秀母亲用手电筒在仓房里照见她的时候,父亲却冲过来就要打她。知道内情的老师一下拦住了她的父亲,并愤怒地说:"哪有你这样当父亲的?孩子每次跟你要学费都这么费劲,你知道她有多为难吗?将来有出息的,兴许还是她呢!"听到老师的话,秀秀泪流满面,却始终没有哭出声。

之后,秀秀虽然能继续上学,却变得越来越冷漠,她在心里憎恨那些每天都可以带钱上学而又不努力学习的同学。于是,一个寂静的中午,当同学们都在操场上做游戏的时候,她悄悄地返回了教室……

"老师,我的钱丢了!"女同学哭着跟老师报告。"在哪儿丢的?""我也

不知道,我记得把钱放在书桌里了。"于是,大家开始帮她找钱。秀秀也装模做样地翻着自己的书桌,可心却在怦怦地跳。这时,忽然有人提议:"老师,还是挨个翻兜吧,肯定能抓住小偷!""对!""我同意!"在大家的呼声里,秀秀开始恐惧起来,几乎要晕过去了。她把手放在裤兜上,不停地颤抖!心想:我可是全班最优秀的学生啊!她红着脸,可怜兮兮地望着班主任老师。班主任老师看到了她的行为与表情,什么都明白了。于是对同学们说:"可能是她自己记错了,把钱揣进兜里出去玩的时候弄丢了,你们都出去帮她找找看,看谁最热心最先找到。"同学们一哄儿拥出了教室,像排雷一样逐一排查校园里的每个角落。很快,大家便簇拥着秀秀回来了。"老师,找到了,找到了,是秀秀在树下发现的!"秀秀红着脸交给老师一个叠得四四方方的小手帕,里面鼓鼓地包着钱。老师笑着拍拍秀秀的肩,叫来那个丢钱的女同学,说"数数看,里面的钱够不够?""够!够!"女同学数过后连声说道。"快谢谢秀秀吧!""谢谢你!""不客气!"

"丢钱"事件就这样平息了。而秀秀自知心中有愧,因此更加努力——先是被选进校文艺队到县里参加文艺表演,接着参加演讲比赛、美术竞赛、作文大赛。后来她勤奋好学、助人为乐的事迹还被写进书里,还多次上过电视并被新闻报道……可以说后来的秀秀是轰轰烈烈地走过了学生时代的。但是,谁也不知道那个隐藏在她心里的秘密,甚至似乎班主任老师都已忘记了,从不提起。而秀秀,再也没有犯错,甚至为了报答老师的恩情,秀秀最后也选择了教师这一神圣而光荣的职业!

(五)吸烟

吸烟是一种成瘾行为,影响面宽、危害大。据一项对北京城乡中小学生所做的吸烟状况抽样调查发现,19-20岁青少年的吸烟率为26.2%。

儿童青少年吸烟主要是受心理社会因素的影响。一是对吸烟给人体造成不良影响的认知不足,二是受社会环境文化的不良影响。对青少年吸烟动机的调查表明，他们吸烟主要是为了交朋友、消遣、应付礼节、好奇、显示身份、享受、仿效他人、成人感等。此外父母及家庭成员的吸烟行为、教师的榜样作用、影视主角的示范等均对青少年有着潜移默化的影响。

当前，有极少数的青少年学生染上了吸烟的不良习气，对这种现象有些教师极为关注，但也有较多的教师没有引起足够的重视，认为这是生活小事。就是极为关注的教师对学生抽烟行为也往往显得束手无策，不知如何进行教育。究竟如何对抽烟学生进行教育?我们认为，应从以下几方面着手：

1. 弄清学生吸烟的原因

中学生吸烟，很大程度上是他们的"成人感"所致。进入青春期后，青少年意识到了自己身高体重的迅速增长，看到了自己身体外形与成人已没有太大差异，因此有了强烈的"成人感"。在这种"成人感"的驱使下，他们首先会从行为做派上模仿成人，学习成人。因此，特别容易把吸烟和"大人"联系起来，从此开始学着吸烟，这就是他们逐渐染上了吸烟不良习气的原因之一。对此，作为班主任老师应加强引导和教育，尤其要引导他们从哪些方面学习、模仿成人。

2. 向学生讲清吸烟的危害

用科学道理向他们讲清吸烟的危害性，使他们自觉地抵制和戒除吸烟的不良习气。为此，班主任应向他们讲清楚，烟是一种慢性自杀剂，是一种对人危害甚大的有毒物质，对人类的身心发展，特别是对青少年儿童的身心发展有很大的害处。在烟的化学成分中，有毒物质就有20余种，除尼古丁外，还有吡啶、氢氰酸、糠醛、烟焦油、一氧化碳、芳香化合物等一系列毒物。一支约重0.5克的普通香烟，就含尼古丁约20毫克。一滴约5毫克的纯尼古丁就可以使狗致死，而对猫来讲，只要约2毫克就可使其致死。可见尼古丁毒性的厉害。长期吸烟，烟中的尼古丁可使人患很多的疾

病,如肺癌、支气管炎、胃溃疡、视力减弱等等。还可使人的大脑的正常功能混乱,而出现神经过敏、记忆力减退、注意力不集中、反应迟钝等等,最后导致学习下降。尤其是青少年儿童处于生长发育时期,身体各方面的机能都较弱,吸烟对身体的正常生长发育影响就更大了。因此,吸烟对人体是有百害而无一利。这样,从科学上向每个青少年讲清吸烟的危害性,就可使他们自觉地戒除吸烟的不良习气。

3. 教师做个好榜样

教师本身要以身作则,自觉地戒除吸烟的不良习气,为学生做出一个尊重科学的好榜样。

【案例】

杜绝学生抽烟现象,最关键的一步是"不吸第一支烟",抓住这一环节尤为重要。陆老师根据经验,提出了杜绝学生抽烟的四个妙招。

第一招:细查端倪

某天,陆老师无意间发现班级后面有个掉落的打火机,当时心里一惊,暗想不是好兆头,于是不动声色,问大家:"我们班谁带打火机了"?同学们七嘴八舌:"陈某、耿某某……"竟然有三四个学生。陆老师断定:有打火机就一定有学生"抽烟",如果真在初一就发现有抽烟的孩子,一定要及时制止,防止传播。随后,陆老师顺藤摸瓜,一番查访后很快找到了"罪魁祸首"。抽烟被查清了:班里有一个学生是小学就开始抽烟的,两个学生被同小区的朋友带着抽烟,他们3人又在班里发展了4个"烟友",一共7个学生!

第二招:百行"教"为先

陆老师开了班会,说了三点:抽烟的害处;真正的朋友不会带你学坏;立一个班级公约,如果你有某种坏习惯:如抽烟、喝酒、打架等,要用毅力改正,同时不许诱导班里别的同学跟你有这样的习惯。最后强调,同学就是一张网,良好的班风要靠大家一起维系,如果同学们发现后早一点告诉老师,就不会有这么多学生被拉下水，抽上第一支烟。以后一定要知情禀报，否则"后患无穷"。

第三招：车轮大战

陆老师给了7名学生一天的时间写"检查"，其间，会见了他们的父母，了解到他们的情况，还请了三位老师跟他们谈话。心理健康课老师给他们谈了成长的心理路程和如何正确地对待好奇心理、冒险心理；生物老师谈到了抽烟的种种坏处；有丰富的班主任经验的数学老师列举了少年抽烟的各种不良后果。陆老师还请了一位抽烟的家长现场做了一个小实验：三口烟喷在一张洁白的面巾纸上，面巾纸上马上留下了黄色的烟印。晚上回家，陆老师给7名学生分别打了电话，对他们一一进行谈话教育。

第四招：建立监控网

抽烟最难治的是反复保证以后不再抽烟是最难的，为此，陆老师在全班开家长会时，谈了这件事情，得到了家长的配合，如果发现孩子有不良习惯或者有些小端倪，学生、老师和家长都会来监督，形成有效监控网，有助于帮孩子戒掉烟瘾。

以上四招，陆老师成功帮助吸烟的学生戒了烟。

第五章　科学施教, 引导学生顺利度过青春期

　　青春期是一个从幼稚走向成熟的过渡时期, 在身心趋向成熟的发展过程中又伴随着矛盾性; 青春期也是一个负重的时期, 青少年要逐步承担因成长而必须担负的社会责任; 青春期也是一个危机期, 往往要遭遇到丧失、挫折、拒绝、迷茫等思想和情感的困境。因此, 青春期也是最难教育的年龄期, 在遭遇困境时, 如果得不到及时、正确、针对性的指导, 往往影响其人格的健康成长。班主任, 作为学生健康成长的引路人, 必须科学施教, 正确处理中学生面临的各种困境问题, 引导中学生顺利度过青春期。

一、正确对待中学生的反抗心理与行为

　　中学生在接受学校教育、家庭教育、社会正确舆论的过程中常常存在着一些特殊心理活动现象, 其中之一就是反抗心理。反抗心理是当个体自觉或不自觉地感受到某些方面行动的自由被剥夺时, 自身激发的一种心理抗拒。反抗的目的是想要确保行动的自由, 而且这种自由对个人越重要, 则心理的反抗性越强烈。有调查表明, 目前中学生中经常存在逆反

心理的达32.6%,偶尔存在逆反心理的达89.4%。

(一)中学生反抗心理的行为表现

反抗心理是初中生普遍存在的一种个性心理特征。这种特征主要表现为对一切外在力量予以排斥的意识和行为倾向,其表现常有以下几种情况:

1. 态度强硬,举止粗暴

这种行为的表现强度大、发生迅速,常常使对方措手不及。一般性格外向的中学生常表现出这种逆反行为。

2. 漠不关心,冷淡对待

这种逆反往往没有外露的行为,而是表现在内隐的意识里,并不直接顶撞,却采取一种漠不关心的态度,对对方的一切置之不理。往往性格内向的学生,他们善于克制自己,不轻易暴露自己的情绪,在很多情况下这种反抗心理并不转化为外显行为。

3. 反抗迁移,排斥一切

当某人的某一方面的言行引起了他们的反感时,就倾向于将这种反感及排斥迁移到这个人的方方面面,甚至将这个人全部否定;同样,当某一成人团体中的一个成员不能令他们满意时,他们就倾向于对该团体中的所有成员均予以排斥。这种反抗的迁移性,常使初中生在是非面前产生困惑,在情绪因素的左右下,他们常常会将一些正确的东西排斥掉,因此,对他们成长非常不利。

(二)中学生反抗心理形成的原因

中学生的反抗行为也是内外因相互作用的结果:

1. 中学生反抗心理与行为的内在原因

（1）自我意识的突然高涨

自我意识是个体对自己作为客体存在的各方面的意识,包括对自身

机体状态的意识、自己的感知觉、思维、情感、意志等心理活动的认识，对自己与客观世界关系的认识，对人我关系的意识。个体正是通过自我意识来认识自己，解释自己的经验并以此来预期自己的行为，进而在环境中获得动态平衡，求得独特的发展。因此。自我意识影响着个性发展的方向。

从出生到成熟，自我意识有两个发生发展的快速期。婴儿期是自我意识的第一个飞速发展期，青春期是自我意识快速发展的第二个飞速发展期。特别是步入初中后，由于生理上的迅速发育使他们产生了"成人感"，这使他们把注意力重新指向主观世界，使思想意识再一次进入自我。中学生开始主动对自己的内心世界和行为进行观察、分析，长久地沉浸在自己的内心世界里。随着中学生自我意识的高涨，他们更倾向于维护良好的自我形象，追求独立和自尊，但他们的某些想法及行为不能被现实所接受，屡遭挫折，于是就产生一种过于偏激的想法，认为其行动的障碍来自成人，便产生了反抗心理。他们常常通过反抗来维护自尊，通过反抗行为引起成人和社会对其存在和要求的重视。因此，可以说反抗心理与行为正是中学生表现个性，追求自我的体现。在反抗中，中学生的自尊心和成人感得到了变相的满足，甚至有时成人的斥责和批评，反而使他们感到自己像一个成人那样影响着别人。

（2）中枢神经系统的兴奋性过强所致

在正常情况下，外界的刺激强度与神经系统的反应之间存在着一定的依存性，两者应是相互协调的。但在中学阶段，个体的中枢神经系统的活动性明显增加，而周围腺体的机能尚未成熟，两者尚不协调，中枢神经系统处于过分活跃的状态，致使中学生对于较弱的刺激也给予很强烈的反应，包括对他人的态度表现得过于敏感，常因区区小事而暴跳如雷。

（3）独立意识的强烈要求

中学生迫切地要求享有独立的权利，将父母曾给予的生活上的关照及情感上的爱抚视为获得独立的障碍，将教师及社会其他成员的指导和教诲也看成是对自身发展的束缚。为了获得心理上独立的感觉，他们对任何一种外在力量都有不同程度的排斥倾向。所以，可以说中学生的反抗心理，在很大程度上是为了否认自己已经不是儿童，而确认自己已是成熟的个体。

2. 促使初中生逆反行为发生的外部刺激因素

（1）教育者简单粗暴的态度和强制要求的手段伤害了学生的自尊

在教育过程中，教师提出的要求过严、过急，并经常采取严厉训斥、恶语批评、随意留校、强制检讨等伤害学生自尊和人格的手段，由此学生在心理上产生反抗对立情绪，拒绝接受教师的说教，不愿执行教师提出的要求，甚至故意对抗。

（2）教育者要求过于频繁又不严格执行以致学生厌烦

在教育工作中，教师提出的要求过于频繁，但在具体执行过程中却不严格要求。这种言行不一的做法，降低了教师的人格和威信，往往造成学生对教师产生不信任，在心理上出现厌烦甚至厌恶情绪，使他们采取反感或"无所谓"的心态来对待教师的教育和提出的要求。

（3）教育者处理问题不公正造成学生反感和对立

教育实践和调查结果表明：学生最讨厌的是教师在处理问题的时候不注重调查了解、不尊重事实、主观臆断、盲目猜测、偏听偏信，做出不公正不合理的结论。

（4）教育者的要求不符合学生的需要和愿望造成学生不满

在教育工作中，教师提出的各种行为要求过高，脱离了学生现有的认知发展水平；或提出的要求与学生原有的需要和愿望相矛盾，这些都容易使他们产生不满和厌烦情绪，并导致他们不去接受和执行。

（三）班主任应如何对待中学生的反抗行为

1. 具体分析, 辩证对待

对于中学生不同程度的反抗行为要做具体分析。在某种意义上说, 学生的反抗也是对学校不切实际的教育内容与教育方式的一种反叛惩罚。学生是随着社会的发展而不断发展的。过去有效的教育内容与教育方式, 今天未必可行。作为新生代的中学生往往不满意"老一套"的东西, 他们更少有传统的习惯思维与保守思想, 更不会故步自封, 因此比较容易发现成年人思想中习以为常的问题。相反, 对新鲜事物与新鲜思想的吸收能力又比成年人强。从这一点来讲, 中学生身上的反抗行为是有一定积极性与合理性的。作为班主任或其他教师, 往往可以从学生反抗心理和行为中, 找到自己工作上的弊病与缺陷, 及时加以调节与改善。

同时, 也必须看到, 逆反心理与反抗行为的发展, 也会妨碍中学生个性的健康发展, 影响他们接受正常的教育。比如有些逆反心理是有一定的道理, 但也有的不一定有道理, 甚至是错误认知的结果, 因此需要做具体分析。而且, 一旦逆反心理形成为一种心理习惯, 就会显得固执、怪僻, 凡不合自己心意的, 明明是对的, 硬说是错的, 明明是好的, 硬说是坏的, 丧失了认识真理的客观标准, 丢掉了实事求是的应有态度。

所以, 对中学生的逆反心理和反抗行为要具体分析, 作为班主任要细致观察, 深入了解学生的内心, 把握反抗的根源, 因人施教, 对症下药, 及时纠正逆反心理与反抗行为, 使中学生健康成长。

2. 了解学生内心, 减少反差

一般来说, 师生之间思想上的反差越大越容易使学生产生逆反心理。相近的思想相吸, 相反的思想相斥。实践中, 很多逆反性强的学生都有着"你越说, 我越不听"的心理。因此, 教师要善于了解学生思想水平和心理状态, 根据学生的实际情况提出对他们的教育要求, 减少反差, 以提高教育效果。

班主任应该积极主动地去了解学生的内心世界，尊重学生的合理要求，不能把自己的意见强加给学生，更不能以权威压服学生。学生与教师的隔阂往往是因为互不理解造成的，如果教师能够经常做到"心理换位"，善于站在学生的立场，设身处地想一想："假如我是学生，我希望老师对某个问题如何处理？"就能理解学生，就能体会学生的苦恼，更深刻地理解学生的需要。班主任只有与学生同乐、同忧、同悲，学生才会感到教师是可亲可敬的自己人，乐意与其亲近，乐意听从教导，这样教育效果就会倍增。

3. 灵活机智，避免冲突

对犯了错误或违反了纪律的学生，批评、惩罚是应该的。但在批评的方式、方法乃至内容上要灵活机智，避免冲突。既要让学生认识到错误，又能感悟到教师对他的关爱、期望，促使自己自觉改正。这样，教育效果可能会更好。

遇到学生违反纪律或与教师顶撞时，教师要冷静，出现僵局时更要先冷处理一下，拖一拖，这样有利于使双方都冷静下来，防止把话说过头，伤了感情。另外，教师还要做一些思考和调查工作。往往事情过后再处理时师生都容易心平气和，且更客观一些。班主任尤其要学会控制自己的感情，这样可以减少不必要的冲突，减少学生的逆反心理和顶撞行为。

（4）分析原因，因势利导

对于已经产生"逆反"心理的学生，应对症下药，因势利导。因为造成学生产生"逆反"心理的原因是多方面的。对于缺乏知识经验而造成"逆反"心理的学生，要尽量联系他们的实际，运用具体生动的事例，讲清道理，提高他们的认知水平，形成正确观念。对于因教师处理问题不公正或要求过繁又不严格执行造成"逆反"心理的学生，班主任教师要勇于

承认自己的错误,不断改进工作,以实际行动取信于学生,重新赢得他们的信任与支持。对于因教师要求过高、过严、过急,导致产生"逆反"心理的学生,班主任要学会摒弃强制手段,更不能求全责备,应制订符合学生实际的要求,提高他们对执行任务要求意义的认识。

二、正确处理"早恋"问题

人们常把16岁的青少年男、女学生比喻成花季雨季,这种浪漫的称谓本身似乎就预示了几分青春的萌动。由于生理、心理的逐渐成熟,中学阶段的男、女同学之间产生了朦胧的情愫,于是也就有了早恋这种经常困扰教师和家长的问题。而老师和家长们面对孩子们难以按捺的青春萌动,费尽心机试图让孩子们远离早恋,但由于认识不足、处理不当,不仅收效甚微,有时还适得其反。因此,如何正确认识中学生早恋,及时引导中学生把纯洁的初恋转化为学习和进步的动力,是一名班主任应该积极思考的重要问题。

(一)早恋的涵义及现实状况

早恋,就是过早地恋爱。可以说,早恋并不是一个严格的学术概念,而是一个实际问题。一般来说,早恋是指青少年在生理、心理和社会条件都没有发展完善的情况下,仅凭着对异性产生的幼稚、冲动的情感,早于一般年龄的恋爱现象。

随着改革开放的发展,"性解放""性自由"思潮及其文化的影响,近年来我国中学生早恋现象发展呈迅速上升的趋势,早恋学生比重增加,年龄降低。根据《当代青春期教育研究》[1]一书的作者的调查分析：中学生恋爱行为的比例大体是5%至10%；从恋爱的年龄多发区看，初三年级居多；从恋爱者的性别看，女生多于男生；从恋爱对象的选择范围上看，绝大部分是同班或同年级的学生；从恋爱者的情况看，素质好的学生多于素质差的学生，尤其是学生干部；从恋爱者的家庭情况看，破裂、单亲家庭子女易为寻求"温暖"而恋爱，独生子女早恋并不突出。

中学生能不能谈恋爱？道理上讲，早恋，既不违反法律，也不一定败坏道德，从这个意义上说，它并不是不合理的。但是，早恋对个人成长发展的意义上来看，是不恰当的。因为，中学生正是长身体、长知识的时期，中心任务是学习，爱情、恋爱是学生的分心刺激，尤其是中学生，由于其智力、情绪、社会经验等方面的不成熟性，很难把握好自己，也很难处理好其中一些麻烦的问题，因而容易影响学习，影响自己的发展。另外，早恋的成功率极低，往往是一朵会很快凋谢的没有果实的花，不仅浪费时间，耽误学业，有的还会造成心理创伤，甚至更加严重的后果。因此，作为班主任，应该高度重视中学生的早恋问题，应予以疏导和教育，帮助他们顺利度过情感上的危机期。

（二）中学生早恋的类型

对于中学生的早恋，可以按照年龄高低划分以下几种类型：

1. 模仿性早恋

这是青少年恋爱的萌芽。大多是初一学生，年龄较小者。他们情窦未开，但由于接受了不健康的性信息，或者在影视传媒的影响下，受好奇心驱使，便开始向异性同学求爱。其"恋爱"是纯模仿性的，表现出一种孩子气的行为，今天喜欢这个，明天可能会对另一个表现好感，带有游戏的特点。平时在学生中传说的"谁和谁好了，谁喜欢谁"即属此类，这并不是

---

[1] 姚佩宽、杨雄主编，当代青春期教育研究，河南人民出版社，1994.08。

真正的恋爱。

2. 天真的钟情型

这些人大多是初一年级中年龄较大的学生,初二、初三年级中年龄较小且社会成熟度又相对较差的学生。他们性发育已经开始成熟,由于受性欲念的驱动和渴望探寻性的奥妙,而向异性眉目传情、递纸条、订约会或互相发出一些天真的海誓山盟。他们行为的主要动机是一种捉摸不定的亲近欲和好奇心,并不理解爱的意蕴,大多数人是把对异性的好感误作爱情,尤其未能认真考虑为什么要恋爱以及恋爱会给自己带来什么后果等。他们选择的对象也没有明确的标准,几乎遇到谁都可以谈,因此带有盲目性和非专一性。

3. 率真的初恋

是一种真正投入的恋爱,具有强烈的情感,大多发生在初中三年级年龄较大的学生及高中学生中。这些学生的性意识已经苏醒,开始对爱情有自觉的追求,如出于对对方的学业优异,身体强健、容貌秀美等等的爱慕。他们的情感强烈,持久专注,也会毫无保留地把自己的想法公开。甚至于把自己喜欢的异性介绍给自己的父母。他们的恋情是很纯洁的,不带有任何功利色彩或性的成分,但也不排除个别学生抵制不了各种性信息的诱惑而去偷尝"禁果"。但是,这种情感持续时间不长,往往会以不成熟而告终。而一旦失恋,对青少年的打击是很大的,他们很容易心灰意冷,给心灵留下难以磨灭的创伤。

在上述三种类型中,第一种类型的人数较少。这类早恋虽然缺乏性欲的动因,但也应该引起教育者的重视。这些学生年龄小、不懂事,行为往往不计后果,在不良诱因的驱动下,很容易做出令人震惊的过失行为。第三种类型的学生由于年龄较大,心理发育渐趋成熟,其行为有更多的理智成分。因此,这部分学生的早恋较少出现性罪错,他们也较容易接受教诲。比较容易出问题的是第二种类型的早恋者。这种类型的学生正处在青春萌动期，由于性发育开始，性激素分泌增多，他们内心深处出现了一种狂风暴雨般的性骚动，不仅对性的问题有着强烈的好奇心，且常常产生一种进行性尝试的愿望。但是，由于个性心理发展得不成熟，他们虽然在恋爱，却不懂恋爱的意义。因此，不仅容易做出荒唐和失礼的行为，且潜藏着性失足的危险。这种类型的早恋者尤其应成为重点帮助的对象。

（三）中学生早恋的特点及行为特征

1. 早恋的特点

（1）行为隐秘

中学生往往具有对异性的神秘、好奇感，他们既向往爱情又羞于在人前提及。因此，这时的爱慕之情一般隐藏在内心深处。他们倾向于内心活动，习惯于进行自我体验，如思春、憧憬未来的生活等，但心理上对外是"闭锁"的。他们敏感、羞怯，怕同学嘲笑、嫉妒，怕教师、家长谴责、反对，所以总是百般设法掩盖自己的真实情感和行为，回避家长和教师秘密行事。如果教育者不是真心地尊重他们，信任他们，不善于观察，是很难了解其爱情上的"秘密"的。即使意识到他们有早恋倾向，在拿到真凭实据之前，他们是不会承认的。

（2）发展迅速

性成熟的生理感受和体验非常明显，处于这个时期的中学生对异性特别敏感，情感也十分强烈，因而一旦彼此意会到相互之间的爱慕之情，往往克制不住情感的冲动，迅速地进入热恋。由于他们的思维还处于发展之中，还不善于全面地、辩证地分析问题、认识问题，一旦陷入情网，就很难理智地、客观地、一分为二地认识对方，清醒冷静地分析彼此各方面的情况，正确地认识结婚、生孩子、建立家庭以及未来的生活、工作、事业等复杂的问题，而是一见钟情，一拍即合。

（3）相互感染

学生以群体生活为特征，相互之间存在着"平行影响"，尤其在恋爱问题上极易互相感染。有调查材料表明，早恋有"流行病"的性质，相互介绍、相互效仿，早恋之风传播很快，而且会以有异性朋友为荣。

2. 早恋学生的行为特征

早恋虽然多以隐蔽的形式进行，但仍有一些前期征兆和行为特征可以进行判断。

（1）上课时注意力不集中，学习兴趣下降，做作业时也经常心不在焉，学习成绩突然明显下降。

（2）突然变得注意梳妆打扮，常常对着镜子左顾右盼，或要求父母为其添置时髦衣物。

（3）特别喜爱看描写爱情的小说，有时在课堂上也偷看这类小说；或对影视中的爱情镜头特别关注，常把描写爱情的语句诗歌细心地摘记下来，甚至背熟。

（4）看书或写东西时十分警惕，当有人走进时神情慌张，或急忙掩饰。

（5）骤然发生气质、性格上的变化，如活泼开朗、健谈、善于交际的突然变得沉默寡言、独思独行；内向性格的突然变得开朗、豁达、爱说爱笑；孤僻古怪的突然变得热情善变；安静沉着的突然变得开朗、豁达、爱说爱笑；安静沉着的变得激动、鲁莽等等。

（6）回到家后喜欢躲在个人的房间里或僻静的地方，独自沉思遐想；个人独处时，常常眼神发直，发呆发痴。

（7）情绪变化起伏大，有时兴奋、有时抑郁，有时又心神不定，烦躁不安、喜怒无常。

（8）总找借口往外跑，有时会红着脸说谎，或无意间谈起公园、咖啡厅等地方, 或对某个异性的名字特别敏感, 对集体活动却变得冷淡。

(9)电话或短信交往频繁, 十分关心自己的电话, 或常有异性打来电话。

(10)常有一些来路不明的小礼物, 或他们自己偷偷买些小礼物, 不久又无影无踪。

早恋学生在行为上一般会表现出以上特征, 但仍需仔细观察, 多方印证。不过, 一般情况下, 若以上现象的出现超过半数以上, 就很可能是有早恋倾向了。

(三)中学生早恋的原因

中学生过早恋爱, 应该说是多种因素综合作用的结果。

1. 性生理早熟与性心理迅速发展是中学生早恋的内在动力

中学生进入青春期后, 随着生理发育的逐步成熟, 特别是性开始成熟以后, 他们从心理上产生了爱慕异性的愿望。在这种特定的性心理驱使下, 加之受影视、小说或其他媒体的影响, 产生对恋爱生活的好奇和向往; 又由于青春期心理上的 "封闭感"、"孤独感", 使其在与同龄异性中能够得到安慰, 消除孤独而产生情感上共鸣, 激起了与异性交往的动机。也有的中学生因才能突出、外貌出众, 又忍不住他人的追求或不忍心驳他人的面子, 于是开始交往, 随着交往的不断发展, 开始转入迷恋, 进而开始恋爱。

2. 影视传媒中情爱信息的泛滥是中学生早恋的诱导因素

青少年接受新事物的能力很强, 而心理比较敏感, 尤其是对情爱方面的信息更为敏感, 稍受暗示他们就会怀着好奇心和神秘感去模仿、去尝试, 而现在他们所处的环境则正时时诱导着他们。电视电影、杂志中关于情爱的问题出现得非常频繁; 生活当中成年人的一些生活方式, 与一些传统大不相同的情爱观, 严重地影响着进入青春期的中学生, 使他们

感到迷茫，感到一种好奇，进而开始模仿成人的行为。而最最贴近中学生生活的，中学生最崇尚的通俗歌曲都是抒不完的情，唱不完的爱。如此，恋爱的意识早已播种在学生们的头脑中，待他们进入青春期后，伴随着性心理的觉醒，恋爱之花就开始萌芽、盛开。

3. 特殊的家庭情况是形成"早恋"的助推力量

有些家庭因丧偶或离异等原因造成破损，孩子失去了父爱或母爱，在家庭中得不到温暖，就会在同伴或异性那里寻求依靠；也有些完整的家庭，由于家长只注重孩子物质方面的需求，很少与孩子进行心理和感情沟通，说教多、训斥多，子女根本不想把自己的心理告诉父母，于是很可能去找一些平时和自己说得来的异性去倾诉苦闷与委屈，久而久之，演绎成早恋。

（四）班主任如何对待中学生早恋问题

中学生一旦坠入情网，往往难以克制自己情感的冲动，一旦彼此表达了爱慕之情，便立即亲密地交往起来，常因恋爱占去不少学习时间，分散精力，沉浸在彼此的欣赏和崇拜当中，而严重影响学习和进步。他们中的大多数对集体活动开始冷淡，对集体产生了离心力，和同学的关系渐渐疏远。另外，中学生模仿性强，相互间影响较大。早恋往往具有"流行病"性质，极易互相感染。早恋者的行为表现会成为刺激周围同学的不良诱因。在一个班级里，一旦早恋成风，就使集体失去了凝聚力和战斗力，因此，班主任必须遵循青春期教育的基本原则，正确对待早恋现象，及时解决已经出现的早恋问题。

1. 班主任应正确认识中学生早恋现象

恋爱是青少年身心发展成熟后的必然趋势，如把早恋不加分析地一律视为"不轨"行为，甚至扣上"道德败坏"、"作风不正"等罪名加以禁止，显然是不正确的。教育实践证明，对早恋只要处理得当，并没有什么副作用,相反可以使之转化为促使青少年健康成长的积极因素。

（1）纠正两种偏向

一种是封建专制,粗暴对待。即一旦发现学生有早恋现象,立即认为大逆不道,采取粗暴措施,或者公开曝光,当众羞辱,或者批评、斥责、处分。还有的学生实际上不是什么早恋,只是正常的异性交往。由于封建观念作祟,草木皆兵、兴师动众,就更是错误的。如果这样粗暴处理,就可能使学生的心理遭受严重创伤,使他们抬不起头来,以致影响他们的终生,或者造成逆反心理,形成适得其反的结果。因此,班主任教师必须摆脱落后的性文化的羁绊,理解青春期男、女的生理、心理发展特点,耐心细致地做好思想工作。

另一种是不管、不问,放任自流。有些班主任认为,恋爱是个人的权利,自己愿意怎样处理就怎样处理,别人不应干涉,这种做法也是错误的。美国和一些发达国家一贯是这种做法,结果造成中学生早恋现象十分普遍,婚前性行为、未婚妈妈占相当比重,现在已经形成了严重的社会问题而难以治理。我们应当吸取这个教训,不能让这种现象在我国青少年学生群体中上演。

（2）树立两种观念

一是理解。班主任必须了解中学生的身心发展规律,理解学生所产生的情感和需要。要善于从学生的角度去看待他们所产生的各种言行和情感,不要轻易把一切涉及到性的问题都看成是道德问题。某个学生早恋了,或者向某个同学表示了爱恋之情,这其实与在上课时交头接耳、做小动作等一样,并无值得教师、家长更加深恶痛绝之处。作为班主任教师应该懂得,同时也应该使学生明白:青春期产生这种现象,并不是不可理解的,也不是低级下流的,学生也不是恋爱了就不可救药了。只不过在这个时期谈,会对他们的身心健康成长不利。要让他们明白:老师之所以

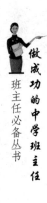
要对早恋学生进行教育，绝非由于早恋是罪恶行为，而是出于对学生的关心。为此，班主任要平等地与学生进行推心置腹的交谈，让学生体会到教师对他们的理解、关心和爱护，是为他们未来的生活和幸福着想。要针对学生的思想热点和难言之隐进行针对性的教育，使教师和家长的期望与心愿，内化为他们自身的需要，引导他们走出误区，甩掉思想包袱。

二是尊重。要尊重学生的人格、情感和隐私。对于学生中出现的情爱方面的种种问题，切忌不问情由一味指责，简单粗暴，对这类问题一般不宜当众点名批评。由于性心理活动是一个人心灵中最深沉、最神秘的一角，遇上矛盾往往斗争激烈，有的一瞬间的思想变化会影响终生。在这种情况下，自尊心是一个人重要的心理平衡力量。因此，作为班主任教师要真诚地尊重学生，启发和保护学生的自尊、自爱和自重，不小题大做，也不随意挑明朦胧的感情。对于中学生个人生活中不宜公开或不愿为他人所知的个人隐私，即使得知了也不外泄和传播。这既是尊重学生人格的需要，也是取得学生信赖的前提，是引导和教育学生的重要条件。

2. 对早恋学生应进行正面教育

恋爱既然是青少年身心发展的必然趋势，简单的禁止是违反规律的。因此，对待早恋学生要坚持正面教育，通过摆利弊、讲道理，指点为人之道，引导和帮助学生解除烦恼，摆脱困境，自觉地把与异性交往约束在中学生所允许的范围之内。

（1）指导学生深刻认识中学生为什么不能谈恋爱

学生对早恋的危害有清晰的认知才能自觉地与早恋告别。因此，班主任要指导学生认识到，中学生之所以不应该谈恋爱，主要是因为：

思想上尚未定型。中学生对世界、对社会、对人生的看法还较幼稚、片面，其思想、道德品质等在今后的人生道路上还会有很大的变化。因此，今天感觉两个人情投意合，明天就可能有分歧，几年后更可能分道扬镳了。

心理上尚未成熟。中学生好自以为是，好冲动，自制力较差，注意力易转移。所以，在恋爱时极易感情用事，做出"越轨"的事情来，最终会贻误终身。因此，不能早恋。

经济上尚未独立。中学生的经济主要依赖父母或他人，自己尚不能自力更生。而从恋爱到结婚，都需要有一定的经济基础。我们常常看到，一些中学生由于无力支付恋爱期间的物质需要，不惜铤而走险，误入歧途。因此，先不要恋爱。

事业上尚未定向。中学时期是打基础的时期，将来从事何种职业尚未定向。青少年时代又是读书学习的黄金时代，在这一时期，人的精力最充沛，求知欲望最旺盛，观察、记忆、思维、想象等认识能力也最强。因此，中学时代是积累知识，增长才干，奠定人生基础，为自己将来从事的事业逐步定向的关键时刻。所以，切莫早恋，不要把人生的黄金时期无端浪费掉。

（2）进行人生观教育

大凡为人类做出贡献的人，都有伟大的目标和高尚的情操。因此，要指导中学生树立远大理想和正确的人生观。这个主要矛盾解决了，其他问题就会迎刃而解，他们就会用理智克制、支配自己。

（3）进行性生理、性心理教育

中学生早恋是老师和学生都不愿提及的问题，但如果对于早恋问题一直避而不谈，势必会令更多的学生产生好奇心理，陷入误区。教育者若能开诚布公地讲清楚，可能会收到更好的效果。所以作为班主任教师应该利用时机，或者设计情境，及时对他们进行性生理卫生知识的教育，给他们讲明青少年身心发育的规律和特点，消除他们对异性的好奇心、神秘感，减少他们盲目无知的行为，使他们对性的知识有必要的了解，对

125

"性"有一个科学的、冷静的态度。同时也要帮助他们懂得如何处理同学之间的关系特别是男女同学之间的关系，鼓励他们之间的正常交往，帮他们掌握处理人际关系的技巧，有效化解同学交往中的矛盾。

【案例】

一天，孙老师接待了一位家长，她哭得非常伤心。原来她无意间看见上初三的儿子和班里一名女同学之间的短信，内容是谈论性的，赤裸裸地交流月经、遗精以及手淫，其中不乏污秽的言语，这着实让家长无法接受。她在责骂儿子时，儿子居然理直气壮地大喊："我怎么还有你这么老土的妈妈，现在的学生从来不避讳这些问题……"

这个孩子在孙老师眼里一直是比较倔强、叛逆的，但这样的行为和思想还是让他感到震惊。

性心理教育是成长中必不可少的，但却是学校教育的盲区。可以说，青春期性教育在我国还是一朵"羞答答的玫瑰"。时代变了，但性的隐秘和对异性的羞涩心理永不会变。一直以来，在学生面前孙老师也会回避，怕与学生谈相关的问题。但是，这个男生的问题促使孙老师不得不面对并且承认"情"与"性"影响的客观性。但是，平时孩子们从来不会和老师交流这方面的内容，究竟该怎样引导这个孩子呢？一时间孙老师感到无从下手……

经过一段时间观察后，孙老师决定寻找时机找这个男孩谈话。正好班级在学校文艺演出中获得了奖，而他正好是文艺委员，孙老师觉得这是谈话的最好时机，于是找来这个孩子。

知道是因为文艺演出成功被找来谈话，所以他没有丝毫戒备。"这次班里获得一等奖，和你的工作是分不开的。老师和同学们都看到你为了这次活动创作谱曲、购买演出服、组织全班练歌，是你的才能帮助大家收获了第一名，真的很感谢你！"听到这样的称赞，他的脸上绽放出了花朵。孙老师接着说："收获了第一，文艺演出告一段落，你接下来有什么打算？"他笑嘻嘻地说：

"我接下来打算把精力放到学习上，把之前耽误在排练上的时间补回来。"把话题引到学习上正是孙老师的目的，就接着说："听你这么说我很高兴，但注意力有的时候不是你想改变就立刻能改变的。你知道我担心什么吗？"他充满疑惑地看着孙老师。孙老师接着说："这次演出中你的表现太帅了，我担心活动之后你会有很多仰慕者，万一出现众多的追求者可咋办呀？"这种语言让孩子很放松，既明白了老师的担心，又觉得是一种认可。他听出老师话中有话，哈哈一笑："老师，该不是担心我早恋了吧！""好像现在这很时髦哦。"他马上回答："怎么可能呢？"并一本正经地对孙老师说："我不会做那种事的。""那好。"孙老师因势利导地对他说，"你将来是要做大事的，你觉得成功的人最重要的是什么？"他若有所思地看着孙老师，反问道："您说是什么？"

"我认为成功最重要的因素就是什么阶段做什么事。如果你超前做了不该做的事，就会受到惩罚。比如，现在多看几本小说影响了学习，将来在工作中就要花更多的时间弥补知识的不足。"于是，孙老师随即回到主题上来："如果现在早恋，必然影响学习、荒废学业，考不上理想的学校。"说到这里，他乐了："老师我都跟您说了，早恋在我这里绝不可能发生。我是有原则的，充其量就是偶尔看看美女，和班里喜欢的女生交流一些问题罢了。"

看到他仍然没有任何戒备，尤其是轻松地说到了"与女生交流"，孙老师知道这时谈话可以介入正题了。于是，接着说："异性吸引是青少年成长发育的必经阶段，这个阶段即使不早恋，老师和家长也会不放心。"他满脸狐疑，询问道："不放心什么？"于是孙老师说到了重点："到了这一年龄，人会对性感兴趣，如爱看言情小说，做有性内容的梦，出现性的幻想和憧憬，还会发生手淫的现象，这都是很自然的事，是每个人都要经历的性心理发育阶段。"

听了孙老师的话，他很惊讶，可能没想到老师会毫不回避地谈性与情。他愣了一下，说："老师，咱们班的一些男、女生之间就有这方面的交流，我们觉得很正常。我也把自己遗精的秘密告诉别人，有的女生也会告诉我关于月经

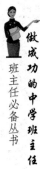
的秘密。"他没有说手淫以及那些他们互相交流中不能被妈妈接受的污秽言语。孙老师能感觉到对那些交流，他并不觉得有什么不当。因此，听完这些，孙老师故意表现得非常惊讶："是吗？你们都觉得这是正常的吗？那么通常都和谁交流呢？""我觉得和谁都可以交流。""听你这么说，我倒越发担心了。""老师，您还担心什么呀？"孙老师说："性是人的隐私，羞涩、回避、掩饰等才是合乎自然和性道德的情感和方式。因此，有关性的话题和展示，应当是安宁静谧、相对封闭的，即使要进行群体性的宣传教育，也应对对象、场所和形式有所选择。情窦初开的你们面对'打开'了的两性隐私，面对各种强烈的性信息的刺激，可能在获得某些性知识的同时，性意识、性心理和性技巧也会被'催熟'。比如，女孩子的月经、男孩子的遗精，这些都是自己的隐私，当你拿来与别人分享，说得粗俗一些，有点类似于你在大街上大小便，毫不顾忌路人的感受一样。"

这个比喻尽管不够贴切，但对他触动很大。开始他一言不发，一会儿，他慢慢抬起头，表情凝重地说道："您说得有道理，同学们交流的语言是有些过界了，开始我们还不太习惯，后来慢慢也就觉得正常，其实有些语言很肮脏。"说着说着他开始哭泣："老师您知道吗？妈妈知道我和女生交流后，把我想得很坏很坏，认为我犯了不可饶恕的错误。其实我的变化和他们闹离婚有关。我特别没有安全感，也确实对一些生理现象很好奇，想和别人交流，还说些下流的语言。但我真的是在模仿，我根本没那么下流，我和那些女生之间其实也没什么，连手都没碰过。"听到男孩子开始这样跟自己交流，孙老师感觉踏实多了。最后男孩又说："老师，您的意思我明白了，请您放心，我知道以后该怎么做了。"

听他这么说，孙老师感到很高兴。她知道，在他身上关于性与爱的短信交流问题已经初步解决。而老师所做的就是要让他明白，什么事可以做，什么事不能做。

这次谈话之后，孙老师继续关注这个学生，关注他的进步、他的积极表现，并且及时表扬或者做出评价。一段时间后，他又回到了以前最佳的学习状态。孙老师也接到了孩子妈妈感谢的电话。

可见，引导青春期孩子正确认识"情"和"性"，是中学班主任不可忽视的教育责任。

（4）组织有益活动

青少年精力旺盛，活动能量很大，如果不注意组织健康有益的集体活动，他们充沛的精力无处消耗，各种低级庸俗的东西就会乘虚而入。学生的体力和精神世界的满足，是抑制生理冲动和防止早恋的有效措施。开展科技、文艺、体育等活动，并尽量使活动丰富多彩、生动活泼、以吸引学生参加；通过活动培养学生的兴趣和高尚情趣，在活动中创造一个健康宽松的男、女交往环境，引导学生在集体活动中进行正常的情感交流。这样可以淡化彼此对异性的好奇心，使他们能够更稳妥地把握自己的情感，掌握友谊与爱情的区别，在多样的活动中，使他们旺盛的精力能有地方发挥，性的能量能得以置换、转移和排遣。

3. 对早恋学生进行积极疏导

发现学生早恋后基本的方法是动之以情，晓之以理的个别谈心，或适时适度地予以暗示、点拨和教育。如果学生已进入迷恋阶段，应通过耐心、反复的交谈和艺术化的教育，使他们正确对待这个问题，避免早恋所容易产生的不良后果及其在集体中的消极影响。要把学生的情感引导到正确的轨道上去，使之成为学习、进步的动力。

（1）帮助早恋学生"跳"出来

所谓跳出来，就是要使学生学会用理智战胜情感，主动"跳"出恋爱的漩涡。为此，班主任教师要帮助学生树立远大的理想和培养强烈的事业心。这样，才会有崇高的生活目标，并受它的鼓舞而不断进取。如可以

指导学生经常以英雄模范、先进人物的先进思想和崇高精神境界对照自己，也可以通过抄写一些伟人、名人的警句，或自编的精辟之句来鞭策自己，把主要精力投入到为实现理想目标的学习活动中。

（2）促使情感"冻"起来

这是指导早恋学生能在理智的情况下表明态度，把早恋的情感暂时冷冻，把精力集中在学习上。冷冻的技术可以"快刀斩情丝"，也可通过逐步降温的方法进行"冷冻"。如全国优秀班主任任小艾对某早恋女生教育后，提出要求：一是允许通信，保持感情，但内容必须是健康的，要鼓励对方努力学习、思想进步；二是通信次数不宜过频。这位女生严格执行任老师的要求，并主动告诉老师自己与对方往来的情况，请老师帮助。

（3）努力使早恋双方"隔"开来

这是让早恋的学生尽量避免两人单独接触，注意多和其他同学交往。为此，可引导他们多参加一些集体活动和自己喜爱的文体、科技活动，用多层次的同学友谊来冲淡已建立的恋爱关系。

对早恋学生进行疏导时，要注意适度。所谓适度，即把握好教育分寸，适可而止。如在追究学生早恋事实时，要留有余地。只要能把握住问题的实质即可，不要过于追究具体细节，以免造成对学生隐私的侵害和自尊的挫伤。同理，对学生的早恋问题，要尽可能为其保密。班主任不是出于自己所处的地位，而是以经历过类似的问题、体验过类似困难的长者的身份，帮助学生解除困扰和恢复常态。因此，态度必须真诚，只有真诚，才能使自己的心理世界与学生的心理世界进行双向交流。

一次晚自习，有个女生跟班主任孙老师说："老师我想找你聊一聊，咱们到教室外可以不？"孙老师说："好啊。"就跟她出了教室，孙老师说："遇到什么困难啦？"她说："咱们到操场上去说，行吗？"孙老师说："好啊，怎么不行！"到了操场上，孙老师说："说吧，我会尽力帮你的。""咱们一边走一边说吗？""当然可以。"孙老师嘴上这么说，心里却想，看不出小姑娘事儿还挺多，可见她一定遇到了为难又难以启齿的麻烦事，那就要耐心些了。于是就陪着这个女孩子绕着操场转了起来。转了半圈她不说话，孙老师也不问。转了一圈了，孙老师还是没有发问。终于，她忍不住："老师，你怎么不问我什么事？"孙老师说："不急，你想好了再说，今天晚上的时间，都给你。"终于，她开口了"老师，我看上了一个人。"孙老师心里咯噔一下，果不其然！但还是装作若无其事地说："看上人好啊，这说明你成熟了，有审美力了，很正常。""可是我心里很乱，光想着他，我知道这样会影响学习，可我控制不了自己。"看她一脸痛苦的样子，孙老师知道，她的心里一定是翻江倒海了。"能告诉我是谁吗？""我说了，你不要告诉别人。"等孙老师答应了，女孩子才把名字告诉了孙老师。原来，是班里一个很有学习潜力的男生。孙老师说："你挺有眼光的，他知道吗？""不知道。"孙老师说："千万不要告诉他。"她问为什么。孙老师耐心地解释说："男同学的定力没有女同学好，你要告诉了他，有两个结果，第一，如果他拒绝了你，你很没面子，伤了心，学习下降，影响前程，这会毁了你；第二，如果他答应了你，你们双双坠入情网，毁了你也毁了他，这不是你希望看到的结果吧？"她点点头，说："但我控制不了自己。"孙老师问道："你喜欢他什么？""他高大英俊，说话嗓门大，有豪气。"孙老师想了想，告诉了她三个解决的办法：第一，要去发现他的缺点，比如他很喜欢挖鼻孔，这挺脏的；第二，要弱化情感方面的脑神经，强化考大学的脑神经、竞争的脑神经；第三，如果你还喜欢他，就把他埋在心里，上了大学后，老师给你俩做媒。

　　过了一段时间，孙老师问她："怎么样，还想他吗？"她脸一红说："早不想了，他又挖鼻孔，又掏耳朵，还挺小气。"后来这两个学生都考上了本科院校。

　　上例中的孙老师真可谓巧解爱的心结。从上例中可见，在帮助中学生解决早恋问题上，班主任应该切实把学生放到一个与自己平等的位置

上。对于这些细腻的心理问题，与其以师长的身份居高临下面对面的说教，不如以朋友的身份推心置腹肩并肩聊一聊的做法有效。

三、正确引导"追星"现象

（一）中学生"追星"之因

"追星"行为已经成为青少年的一种时尚行为。究其原因，既有深层的心理机制，又有其现实的各种原因。

1. "追星"是中学生走向成熟的表现

中学生时期正处于自我发现和自我确定远大理想的黄金时期，他们需要一个模式来参照，而偶像是他们理想自我的载体。追慕、崇拜明星是青少年走向成熟、逐渐具有成人感的心理需求。在他们的世界观里，影视明星和歌星的有型和酷就是他们所追求的成熟。因此，可以说，"追星"是青少年从孩童向成人成长过程中生理、心理的正常反映。

2. "追星"是中学生协调发展与现实间矛盾的方式

中学生时期又极富幻想和憧憬，当他们很多想法无法实现时，往往会借助偶像的崇拜来达到心理平衡和补偿。明星崇拜现象就根植于这样一个事实：大多数人都是有缺陷的，而明星在影视上确实是比较完美的，所以他们只能通过与明星建立最亲密的联系而象征性地完成对完美的追求与超越。中学生之所以关注明星生活的每一个细节，不惜模仿他们的行为，就是为了建立这种关系。

3. "追星"是中学生"自我"塑造与发展的过程

追星的过程，实际上也是为勾画理想自我的形象，并使理想的自我逐步成为真实自我的过程。所以，他们能够为那些与他们心目中理想自我形象相似的"星"们，捧出了少男、少女最真挚的感情和最热情的崇拜。同时，青春期特有的"闭锁性"心理，使他们倍感孤独、寂寞，因此，也会借助追星来摆脱青春的孤独。

4. 中学生"追星"的现实因素

中学生"追星"现象也有这个年龄段的现实因素，那就是由于学校、家庭和社会各方面的种种认识误区，使中学生的主要活动仅局限于学习中，对其他领域活动不能或很少参与，缺乏丰富多彩的实践活动体验，青春奔放的需求不能得以满足。加之日益繁重的课业负担，造成了中学生在紧张的学习之余不顾一切把精力投入到"追星"一族，以缓解压抑心理和紧张心理，以满足对精神追求的一种寄托。

明星崇拜现象作为当代中学生的一种文化心理现象，基本上都处于自发阶段，"追星族"过去有，现在有，将来也会有，因此青少年的这种追星是一种客观的、自然的、必然的社会心理现象，教育工作者要合理处理。

（二）中学生"追星"的利与弊

"追星"作为中学生的一种流行文化，是伴随着经济腾飞一起发生的，它可以迅速满足中学生即刻的感官需求，给他们以现实的心理慰藉，确实具有调节情绪、沟通人际关系、引导文化消费等积极作用。但它同时又有其华而不实、急功近利的特点，显示出中学生对人生思索、对人类终极价值追求的迷惘、困惑、麻木和无所适从。因此，"追星"有利也有弊。

在现实中，我们会看到很多沉迷于偶像崇拜，狂热追星的事例。如有的学生对于自己所崇拜的明星，会看他主演的每一部影视，或听他唱的每一首歌。有的还疯狂地购买偶像的画册等，收集偶像的一切资料，身高、体重、兴趣爱好，以至到恋爱情史。他们过分沉迷于偶像，荒废了学业，影响了学习，也影响了自己的身心健康。如很多青少年因为盲目追星

而导致与父母关系恶化，导致学习成绩急剧下降，有的离家出走，甚至走上不归路。如一名17岁的中学生因没钱亲眼看到偶像赵薇而服毒自尽；一名13岁的女孩在连看8遍《流星花园》后，离家出走。

诚然，"追星"的正面影响也并不少见。如有相当一部分学生，追星和崇拜偶像都有自己独特的见解。他们没有盲目性，能正确分析偶像的优点和不足，追星是为了追求明星的亮点，学习明星身上优秀的东西，并以此为榜样，在学习和生活中严格要求自己，培养自己积极奋进的精神。

总之，"追星"热是中学生心理发展过程中的一种正常的心理现象。班主任教师只要正确引导，帮助中学生正确认识并处理好追星的利与弊，把握"追星"的度，在当前主要的学习任务上打好基础，才能为实现理想的自我创造条件，才能开拓一条走向成功的路。

(三)正确引导中学生"追星"情结

"追星"热是中学生心理发展过程中的一种正常的心理现象。班主任教师应正确指导学生认识追星现象，正确引导学生追星情结，使中学生树立"追星"要有"准"，"追星"要有度，在把握好学习的基础上，处理好追星的利与弊，使学业辉煌，青春耀眼。

追星有利有弊，主要取决于崇拜的内容、方式以及时间安排。追星应该要取其精华，要正确追星，树立健康、高尚的情感、态度、价值观。为此，班主任要指导学生认识到：

（1）不盲目追星。指导学生认识到，对"明星"的崇拜应主要来自于他的内在人格和奋斗历程，来自能震撼心灵的"精神"因素，而不是外在的耀眼的光鲜，更不能追其徒有的外表。不能随意追星，要在璀璨的"星"空中，找到自己真正值得崇拜者。

（2）不疯狂追星。帮助学生正确地认识到，对明星可崇拜但不可迷恋，更不要滥花时间和钱在追星上。不应把"星"的光环罩在自己身上，更不应该把"追星"当成生活的全部。

(3) 汲取积极的人生经验。引导学生认识到，追星不应只感性地看到其鲜亮的外部，也不应只看到当前闪亮的光环，更应理智地分析其成功之路，善于从自己所崇拜的明星偶像身上吸取积极的人生经验。要把"明星"成功的光芒成为激励自己努力学习，正确规划人生奋斗目标的动力。

(4) 追星中不迷失自己。"追星"行为，毕竟是一种心理追求与精神向往，班主任尤其要指导学生认识到，追星正常，但不能迷失自己，不能作为一种炫耀。同时要摒弃狭隘心态，同学们所崇拜的偶像有同有异，不能因为偶像的不同，就对别的同学持排斥甚至有敌对的态度。

追星是青少年对人生追求的体验，是人生的一个重要过程，每个时代的青少年都有自己人生的理想，心目中追求的人生目标和偶像，当前的追星也是这样。因此，对追星现象和偶像崇拜既不要一概反对，也不要放任自流出现问题，而要积极引导，使之理性化。

四、有效杜绝中学生上网成瘾

(一) 中学生网络活动情况分析

1. 中学生网络活动内容

网络成瘾又称网络病态使用，是一种冲动性地过度使用网络，并因此导致明显的社会、心理功能损害的现象。依据网络活动指向及其满足的需要来划分，网络成瘾者可以分为如下几类：一是网络游戏成瘾，上网主要是打游戏；二是网络关系成瘾，上网主要是聊天和交友；三是网络

性成瘾，上网主要是浏览和观看色情信息；四是网络信息成瘾，上网成瘾者沉迷于大量网络信息的下载，不能自拔，并伴随有强迫性症状。而中学阶段绝大部分青少年学生的成瘾都属于前三类情况，其中网络游戏成瘾数量最为庞大。

2. 上网成瘾学生的特质

容易沉迷网络的学生，就性格特征来说，孤僻、不善交往的多，意志薄弱、自制力差的孩子多。就学业成绩来说，学习不好的孩子多，也有部分学生原来成绩不错，在升入高一级学校后，因为种种原因出现了短暂的迷失，下滑或不适应，这种情况也容易上网沉迷。就家庭背景来说，单亲或问题家庭的孩子数量较多，也有正常家庭的孩子，但父母的教育方式比较粗暴或疏于沟通等。就年龄来说，青春期的孩子即初中生的数量最多，与这一阶段的逆反及动荡的心理特征有很大关系。就性别来说，男生居多。男生多好动，相比女生更喜欢肢体运动。当现实生活无法满足时，男生就去找替代品。网络游戏很多都是战斗游戏，所以很容易被男生迷恋上。

3. 中学生迷上网络的心理原因

（1）借助网络逃避现实中遇到的困难问题。青少年学生进入青春期之后，成人意识强烈，觉得自己已经是一个大人了，什么事都可以自己处理，不需要别人帮助。但事实往往相反，他们经常无法解决现实生活中遇到的困难。再加上现在的孩子多为独生子女，从小受娇宠惯了，一点小小的挫折可能就会令他们无法接受，具体表现为情绪波动比较大，控制情绪能力不强。无法解决实际问题、受挫后情绪不稳定，使得这些孩子不自觉地去寻找一个能充分满足自己的世界，网络恰好为他们提供了这一条件。在网络世界里，他们可以解决任何问题，他们可以完全逃避现实，他们的情绪可以得到充分的宣泄。

（2）借助网络排解心灵的空虚与孤寂。家庭关系紧张，无法与父母进行很好的沟通是青少年选择网络的又一主要原因。父母是孩子最好的老师，孩子在确立人生观、世界观最关键的时期尤其需要来自父母的正确指导。很多父母更习惯于那种"家长命令式"的教育方法，忽视了青少年的叛逆心理，造成了青少年偏要和父母对着干的局面：你们不让我打游戏，我偏要这么做。

（3）选择网络满足成就感。大多数沉溺于网络世界不能自拔的孩子，学习成绩都比较差，他们在现实生活中体验不到学习所带来的成就感，往往会选择网络来满足自己。其原因就在于网络能够极大程度上满足中学生丰富的内心需求。

第一种，满足成就感。沉迷网络游戏不能自拔的学生，除了自控能力差和网络游戏本身的刺激之外，非常重要的一点，就是通过闯关打游戏获得极大的成功体验。自我实现的感觉，被他人认可的感觉，是人们心灵深处最深切的渴望，如果学校的教育只以分数作为衡量和评价学生的唯一标准，势必有相当一部分学生在学校里无法被认可，那么通过网络，在现实世界无法获得的成就感就可以在虚拟世界里获得充分的满足。由此，可以理解为什么许多学生能为了游戏废寝忘食。如我们经常会在网吧里看到这样的镜头：几个穿校服的学生聚在一台游戏机前面，正在玩冠名为×××的电子游戏，只见其中一人操纵电子机器人腾挪跌宕，枪枪命中，过了一关又一关，旁观者的喝彩此起彼伏，十分激动人心，于是他玩得更起劲儿了，得意极了。也许正是因为他们在现实中缺少这样的成就感，才会沉溺于虚拟世界里并找到了自己的乐趣。

第二种，满足交往的需要。现在的中学生大部分都是独生子女，从小缺少同伴成长和互动的环境，在成人的关切和监督下长大。实际上，无论怎样丰富的物质生活，都无法代替朋友带给自己的快乐。尤其是，有的学

生性格稍微孤僻一些,不善表达,那么在现实生活中可能因不善交往而孤独,而通过在虚拟世界的交友,往往能够找到具有共同语言的朋友,从而满足了自己交往的愿望。

第三种,满足自由发泄的需要。处于青春期的学生本来就固有着强烈的逆反心理,追求"我的青春我做主"的感觉。但在现实世界里有家庭和学校的双重管束,言谈举止、说话做事都有严格的限制,很难实现对自由与独立的渴望。网络世界的匿名制恰恰给了他们无拘无束的空间,在网上可以随心所欲,无所顾忌地表达自己的观点,不必担心会带来不良的后果。正是这些原因,使得学校贴吧文化甚是繁荣。

第四种,满足丰富生活的需要。一般来说,家长们更多关心的是孩子的物质生活,而学校更多关注的是学习成绩,如此,很多中学生都感到学校学习生活的单调乏味,孤苦郁闷,而网上生活却丰富多彩,新奇刺激。另外,现实中的家长或老师是高高在上的,而网上的人际关系却自由平等,在现实生活里无法和大人交流或请教,网上却只要轻轻点击,想看什么就有什么。现实中的教育着眼于学生将来的成就,而网上却给予学生们现实的快乐。两相对比之下,网络就对青少年学生构成了致命的吸引力,不断地诱惑,致使他们越陷越深,甚至最终上网成瘾,不能自拔。

(二)中学生上网成瘾的危害

对于中学生来说,网络世界是一方神奇的天地,极具吸引力。因为这里没有国界、没有传统藩篱、没有师长管束,可以崇尚自我、可以标新立异,思想可以自由地翱翔。但也正是因为这样,如果使用不当,也会给青少年学生的成长带来消极影响。网络的开放性使人可以自由浏览并获取大量的信息、下载和利用网络资源,而且言论自由,这种情况使网络在某些学生心目中就是脱离了现实的"神话的世界"。网络的隐蔽性、无约束性、虚拟和自主意识性冲击着学生的责任感,可能导致青少年道德沦丧，人格分裂。特别是网上传播的色情、暴力信息等道德失范行为和黑客攻击、诈骗、赌博等犯罪行为，很大程度上会腐蚀着青少年的灵魂，对道德品质教育产生强大的冲击。因此，我们在看到网络的积极作用的同时，也应看到网络的负面影响。尤其要注意的是，网络世界对于思维活跃、好奇心强而又缺乏分辨能力和自控能力的中学生具有强烈的诱惑力，中学生在没有外力监督、自控力不够的情况下常常不自觉地上网成瘾，不能自拔。

中学生长时间沉浸在网络的虚拟社会之中，存在以下潜在的危害：

1. 中学生上网成瘾严重影响了他们的学习成绩

为了上网，部分学生旷课、说谎请假、通宵达旦地上网。自然地，作业不能完成，上课无精打采，学习内容跟不上，考试不及格，长期的结果势必导致厌学、甚至退学等不良行为。

2. 中学生上网成瘾严重危害了他们的身心健康

一方面，上网时间过长可造成视力下降，肩酸腰痛，头痛和食欲不振以及其他症状，这对于成长发育中的中学生来说危害尤其严重。另一方面，长期沉迷于网络的中学生，容易自我虚化，整天想入非非，自然影响其人格的健康和谐发展。

3. 中学生上网成瘾很容易间接导致违法犯罪

一些学生玩网络游戏上了瘾，而手中又没有钱，就开始向其他同学要钱，少到一元、二元，多至一二百元。有的甚至偷窃、抢劫，满足上网所需的钱财。沉默于网络游戏，是促使一些青少年学生刑事犯罪的间接因素。

（三）如何对待网络成瘾的学生

1. 引导健康上网

对待上网成瘾的学生，不能只用堵的方法将学生看管起来，而应该

引导学生"健康"地上网。因此，班主任对待学生上网的现象，一定要辩证地分析，不能一味地反对和阻止，或者对上网问题避而不谈。由于大部分学生不了解相关的教育网站，上网只是为了打游戏、聊天，而不会利用教育网站进行学习，因此，班主任可以向学生们介绍一些优秀的教育网站，指导他们如何搜索和下载学习资料和学习方法，积极鼓励学生上教育网站进行学习。这样，有些学生就可以结合下载的学习资料与学科教师进行讨论。另外，还可以引导学生学习一些实用的软件，如：Photoshop、Flash、PowerPoint等，把自己的学习成果在班里进行展示并和其他同学进行交流，让学生们通过学习制作校园主页和班级网页加强学校之间、班级之间的学习和交流，增强其创作才能和竞争意识。让学生从中感受健康上网的快乐，使得学生网上学习的时间比例多于做其他事情。

2. 限制上网时间

对于游戏成瘾的孩子，一下完全禁止是很难接受的，可以通过逐步限制上网时间，培养意志力，转移注意力。

3. 帮助学生在现实生活中体验成功感、成就感

对于网络成瘾的学生，要给予他们更多在班级、校内表现的机会，让他们的表现欲、成就感得到满足，能量得到释放。甚至有意识地培养他们那些并不突出的特长，尽管这些学生并不优秀，但如果能抓住教育时机，完全可以依靠他们的优点克服迷恋上网的行为。

此外，对于上网成瘾的学生，一定要注意在现实世界里满足他们的情感需求，多沟通，多进行情感交流，话题内容应该丰富，而不是仅仅谈论学习，语气应该平等，而不是居高临下。

4. 用丰富多彩的文体活动和探究实践活动充实学生的业余生活

青春期是人生一个多彩的季节，青春期的少男、少女充满了好奇，渴

望独立和自由，渴望生动和充实，渴望理解和尊重，渴望成功和自信，而单一的学习生活很难满足他们的需要，加上一点点叛逆心理，使他们很容易走上歧途。而诸如艺术活动、体育活动、观察郊游活动等积极、健康、科学、文明的业余文化生活将引领学生们健康成长。

第六章 利用载体，有效提高教育效果

一、开好主题班会

主题班会，是围绕一个主题，在班主任的引导下，以班集体的智慧和力量为依托、以学生为主体，充分发挥学生的积极性而开展的一种生动活泼的自我教育活动。班主任通过主题班会加强对学生进行思想教育、良好行为的养成教育以及综合能力的培养教育，是实施德育的重要载体，是班主任班级管理工作的一项十分重要的内容，也是对学生进行教育，形成和巩固班集体的一种极为有效的活动形式。

（一）主题班会的教育作用

1. 有利于建设班集体

班主任工作的首要任务是抓好班级组织、班级文化、班级管理运行机制的建设。班主任可以通过开好班会向学生传播、灌输、渗透治班方略，在与学生的研讨交流中，让学生明确并确立班级培养目标，为学生指明努力的方向。

2. 有利于锻炼学生的自主能力

学生是班级管理与教育中的主体，班主任老师能够在班会活动中了解他们的自我管理需求，关注他们接受教育的情绪，认可他们自主教育的风格与形式，放手大胆地让学生在教育的过程中自我评价、自我矫正、自我提高,这样就可以充分发挥学生在班级教育中的主动性和积极性,启动并激活学生自主教育的动力系统。

3. 有利于师生在思想情感上的统一

班会是活动类教育课程,它的开展就是师生间双方或多方的参与和互动过程。在这一过程中,通过交流可以实现师生间、同学间的信息互换、思想碰撞和情感交融,对构建平等、和谐的师生关系,提高思想教育效果具有积极意义。

4. 能够增强教育的针对性和实效性

教育是教师对学生施加连续不断的系列化影响的过程,但同时又具有较明显的阶段性特点。主题班会往往是针对不同年级学生的身心发展特点,针对学生共性的发展需要进行的不同侧面的专题教育,从低到高、由浅入深形成完整的教育体系,因此有助于提高德育工作的实效性。

(二)主题班会常见的几个误区

主题班会是班主任实施德育的重要载体,然而在实践中,由于对主题班会的目的、作用理解的不足,对主题班会形式的过于看重等等原因,以至主题班会的开展常常出现以下误区。

1. 主题班会成了"大杂烩"

主题班会的"主题",好比一只曲子的基调,是用来定音的,因而选好主题是开好主题班会的关键。但由于对"主题"一词理解不透,就会导致所选内容与主题大相径庭,相去甚远。如有的班会的主题是"迈好青春第一步",而内容却有诗朗诵《再别康桥》、表演唱《老鼠爱大米》、现代舞《最炫民族风》等。可以说,所选内容与主题毫不相干,使主题班会成了没有"主题"的"大杂烩"。如果主题班会偏离了教育主题,那么不管多么新颖的形式,不管多么丰富的内容,也不管多么精彩的节目,都不会达到教育的目的。

2. 主题班会成了"歌舞会"

由于过分追求班会形式的新颖性、精彩性，所以，一提到开主题班会，有的班级就兴师动众地搞节目排练，既有唱又有跳的，看上去热闹非凡，实际上却将主题班会误解为"歌舞会"。这样的主题班会往往穿插大量的歌舞、小品等文娱节目，在一次班会上前后会安排几次独唱、小合唱、大合唱，还有魔术、小品、现代舞、相声、交谊舞等。这种"歌舞会"过于强调表演形式，而忽略了教育目的，兴师动众的排练，也势必影响教学秩序和学生的学习状态。

3. 主题班会成了"空谈会"

主题班会的主题，既要新颖生动，但更应具有针对性，紧扣学生思想脉搏，才能达到教育目的。但在实践中，有一些主题班会立意不新颖，脱离实际，不能根据学生的身心发展特点、思想发展水平，不能够结合学校、家庭和社会实际进行组织、设计、选题。例如：有的班以"假如我是……"为题开主题班会，学生在这样一个开放的主题下，把握不好基调，天马行空，把理想化成幻想，空谈高论，没有任何实际效果。

4. 主题班会成了"精英会"

主题班会应真正调动起全体学生的积极性和主动性，使其都受到教育。但有的主题班会，整个活动无非是几个能歌善舞、能说会唱的活跃分子"独霸舞台"，他们的"多才多艺"得到了淋漓尽致地展示，而大多数学生则坐在教室的四周，成为"陪客"，只能拍拍手而已。

（三）班主任如何切实发挥主题班会的育人功能

要组织好班会，切实发挥主题班会的育人功能，班主任必须全面深入地了解学生在不同时期的思想特点、身心特征，进而有针对性、阶段性地采用生动活泼的形式去组织班会。现代中学生，思想热情奔放，生活充满活力，憧憬美好的未来；身心正趋向成熟，有强烈的成人感，喜欢表现自己,不愿别人再把他们当作小孩子一味地训斥,希望得到别人的尊重和理解。因此,必须摈弃传统的班会形式,使每次班会都有一个鲜明的教育主题,围绕主题进行选材、组织和设计,并在教育内容上注重循序渐进,形成序列。这样的班会具有内容集中、鲜明,针对性强,形式灵活多样、融思想教育、知识教育、娱乐情趣为一体等特点,自然会受到学生喜爱,并从中受到启发和感染,深受教育和鼓舞。

1. 把握主题班会的性质

(1) 主题班会要有教育性

班主任召开主题班会,目的都是对学生进行思想教育,使他们树立良好的道德观念,养成良好的行为习惯。可以说,教育性是主题班会的核心所在。失去教育性的主题班会是没有任何价值的。成功的主题班会不但能增强班集体的凝聚力,激发学生的学习热情,培养他们克服困难的勇气和百折不挠的毅力,而且能使班集体形成良好的班风、浓厚的学风,使学生个体和群体两方面积极健康发展。因此,设计主题班会,一定要将活动的教育性摆在首位,要让活动目的与学校的整体教育目标相一致,要围绕着为社会培养合格人才来确定教育内容。

当然,主题班会上难免会用到反面材料,但要做到就事不就人,更不能只抓住某个学生的某次不良言行不放,否则极易挫伤学生自尊,产生抵触情绪,与班会的初衷背道而驰。

(2) 主题班会要有针对性

有许多主题班会尽管形式上热热闹闹,但活动实效却总是平平,其重要的原因就在于班会的选题大、空、旧,针对性不强。班会必须有针对性,有明确的教育目的。因此,班主任在举行主题班会前必须做好调查研究,把握学生所关注的、所需要的、所追求的以及他们正在面临的各种具体矛盾和问题,对症下药。比如,针对初中学生上课不发言、不按时就

寝或起床、随地扔纸屑、不按时完成作业等坏习惯,可以开展"告别坏习惯"主题班会;针对初中学生学习主动性、积极性不高,可以开展"莫让年华付流水"主题班会。再如,现在的初中生,大多是独生子女,他们的成长过程往往得到过多的关爱,心理偏差屡屡发生。对于他们来说,正确的自我意识、自立能力、坚强的意志、顽强的抗挫折能力、乐观向上的生活态度以及宽广的胸怀等,都是亟待培养的个性心理品质,为此,班主任可开展"成长的乐趣"、"毅力是成功之剑"等主题班会活动。如一部分初中生对读书的重要性缺乏认识,产生辍学念头,针对这一思想倾向,可设计"读书真的无用吗"主题班会,让学生在辩论中充分认识到知识就是财富,知识就是力量,知识是智慧之源,知识是生存的资本,认识到无知比贫穷更可怕;教育学生用知识改变命运,创造人生的价值。此外,有些偶发事件,在意想不到之中往往提供了良好的教育契机,班主任要反应敏捷,果断决策,及时确定主题。

（3）主题班会要体现时代性

时代在进步,社会在发展,主题班会的内容和形式也应随之不断更新和发展。一方面,青少年学生思想敏锐,求新求异,过时空洞的说教容易让学生厌烦,甚至产生逆反心理;另一方面,教育是开放的,学生生活在一个时代中,他们应该了解世界上正在发生的大小事件,不断感受这个时代的气息,认识这个时代的特点。世界每时每刻都在发生着看似偶然孤立而实际上有着千丝万缕联系的各种事件,主题班会应该把这些事件引进教室,让学生在分析这些事件的同时,开阔思路,扩展视野,把握时代脉搏,感受时代旋律。这就要求班主任要及时把握身边发生的有教育意义的各种事件,举一反三,因势利导。

2. 主题班会的形式应多样,新颖活泼

主题班会要注重内容,也要选择好的形式。通过丰富多彩的教育形式来表达班会内容是学生乐于接受的。因此，班主任要考虑班会形式的灵活性、艺术性，既要新颖活泼，富有趣味性，适合学生的特点，又要有知识性、思想性，使学生受到启发，受到教育。

（1）论理式主题班会。这种班会主要是对问题进行论证和阐述，以统一、提高学生的思想认识。如"青春的价值是什么"、"友谊与事业"等。

（2）交流式主题班会。这种班会主要是学生间相互学习和借鉴，也可以请校外的相关人士与学生交流。如"学习经验交流会"、"生活教育了我"等。

（3）文体型主题班会。这种班会是通过文艺体育形式进行的，具体形式有：讲故事、歌舞表演、诗歌朗诵、猜谜等，也可以是绘画、书法、摄影展示、表演等，如以"祖国，您好"为主题的国庆文艺演出，以"笔下走龙蛇、丹青绘宏图"为主题的书画才艺表演等。

（4）竞赛式主题班会。这种班会是针对学生的竞争、好胜心理所采用的一种活动形式，在"两军"对垒中，融入哲理性、知识性。如"我的青春"演讲比赛，"团的知识竞赛"等。

（5）纪念性或庆祝性主题班会。这种班会主要指对重大历史事件和名人的纪念，对重大节日、传统节日的庆祝等。如庆祝教师节而开设的"老师，您辛苦了"主题班会，以"送旧迎新庆元旦"为主题的元旦文艺联欢主题班会等。

（6）实践性主题班会。这是以学生在参加实践活动过程中受到的教育为主题举行的班会，如以"祖国万岁"为主题的参观祖国变化图片展班会，以"家乡的昨天和今天"为主题的游览名胜汇报班会等。

（7）模拟式主题班会。这种班会是模拟一种情境，让学生产生"身临其境"的感受，从而达到教育的目的，如"与时间老人座谈"想象情境班会，"警钟在这里长鸣"模拟法庭辩论班会。

此外还有演讲、听报告、辩论等形式。总之，主题班会的形式是多种多样的，但形式一定要为内容服务，为主题服务。要根据主题的需要，确定适合的有效的形式。

3. 主题班会应以学生为主，全员参与

主题班会的特点之一就是集体性，全班学生参与的积极性和主动性是保证实现主题班会教育目标的前提条件，其要求应贯穿于整个活动的各个环节之中。为此，班主任要明确地提出具体的主题，分析活动的价值，设置具有感染力的教育环境，选用新颖有趣的活动方式，引导学生积极参与活动。在活动中要充分尊重和相信学生，放手发动学生，给每一个学生动脑、动手的机会，使他们在活动中增强责任感、自尊心、自信心。特别是对于后进生、集体观念淡漠的学生和有特殊才能的学生，更应该为他们创设锻炼和成长的机会。实践证明，看一个主题班会是否成功，主要看学生参与的态度和创造性的发挥，学生的主动性越强，班会效果就越好，就越能达到学生自我教育的目的。

4. 主题班会重在准备，在过程中育人

主题班会要起到预期的效果，必须要做好充分的准备工作。准备越充分、越仔细，越能收到预期目的。为此，主题班会也应有"备课"方案、"备课"记录。主题班会的准备，可分为精神准备和物质准备两方面。精神准备主要是调动班干部和每个学生的积极性，事先向学生告知召开本次主题班会的意图，以及期望达到的目的，同时可以向学生分配任务，使每个学生都能自觉投入到与主题班会有关的各项工作中。物质准备主要是指将主题班会要用的东西及时准备好，如布置会场要用的纸、笔、鲜花等，班会中需要的教具、书刊、课件、实物投影和主题的条幅等。

5. 主题班会要及时总结，深化思想教育目标

选题与准备尽管重要，总结的作用也不可忽视。无论是成功的还是

失败的主题班会课，都要在总结与反思中才能更好地深化教育目标。要做好总结工作，首先要在主题班会的活动过程中注意观察学生的反映，尽可能多地收集相关信息；其次是在班会结束后，调查学生对本次班会的意见，然后进行总结分析，扬长避短，深化教育的目标。

总之，主题班会不仅要在内容和主题上要做到针对性、教育性，而且在形式上要讲究艺术性，班主任要切实发挥好主题班会的育人功能。开好一堂主题班会，不但要活跃气氛，拉近老师与学生的距离，更要使学生受到深刻的感染，心灵上得到陶冶和涤荡，使思想教育内容潜移默化地融汇进学生的心灵之中，使班主任工作事半功倍。

二、有效开好家长会

召开家长会，是加强学校与家庭联系的最好方式之一。开好家长会，利用家长会与家长集中讨论一些共同关心的问题，能增进老师与家长、学生之间的相互沟通、了解和信任，使家长对学校、老师和自己的孩子有一个重新的了解与认识，使学校的教育教学工作更具有针对性、艺术性，更富有成效。因此，开成功的家长会是每一位班主任心目中追求的目标。

（一）家长会的目前状况

目前，大部分学校的家长会时间安排在考试后，这样安排的主要原因无非就是向家长汇报考试的成绩，让家长心里更清楚自己孩子的学习情况，家长甚至从老师汇报的全年级、全班总体情况中估计自己的孩子处在班级的相对位置。如此安排，固然目的明确，但也存在诸多问题。

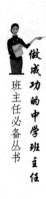

1. 家长会的问题

对召开学生家长会的问题，曾经有人做了初步的调查统计，总结出以下问题：

一是召开次数偏少，每学期平均在2次左右；二是时间固定，多是在期中考试、期末考试后召开；三是内容单一、陈旧，绝大多数家长会开成单纯的学习动员会和"考试成绩发布会"；四是形式呆板，很多家长会的基本程序是：首先，是校领导的广播讲话，向家长们灌输怎样教育孩子的大道理；然后，是班主任老师向家长们介绍学生的基本学习状况，并就如何辅导孩子们提出建议和要求；再次，是发布本班乃至全校同年级学生成绩排名表；四是出发点欠妥，评价学生以学习成绩为唯一依据，对优秀生分析过多，对差生提醒偏多，对中等生忽略；五是气氛沉闷，很多家长会，气氛总是很严肃，老师们板着脸，家长们也很难见到笑容。

2. 班会中班主任的惯常表现

很多班主任，认定孩子的父母在教育方面是无知的，至少是比教师要差些，因此，在家长会上总是以教育者自居。另外，其思想观念上深受"高考指挥棒"的指挥，只注重学生的学习，总是谆谆教导家长们如何把孩子的学习成绩搞上去。在对学生的了解上也不全面，只了解学生的学习状况，对其他方面了解很少，甚至完全不知。还有些班主任不管是向家长介绍全班情况还是在与家长个别交换意见时，对学生的长处、优势、良好行为总是轻描淡写，不予肯定，甚至避而不谈；对不良的现象、苗头却反复强调，甚而夸大其词，似乎只有这样，才能引起家长们的注意，才能让他们"有忧患意识"，提高警惕，毫不放松。还有的班主任往往对后进生的家长过分责备，甚至在众多家长的面前批评某些表现不好的同学。不少平日里有头有脸的家长，在家长会上像犯了错的小学生一样，一面听着劈头盖脸的教训，一面压抑着心中越来越大的怒火。

3. 家长们的普遍心态

时下的父母们，大都对家长会持有一种特殊的情怀：盼着开家长会，以了解孩子在学校的表现和学校的教育内容；害怕开家长会，唯恐自己的孩子哪些地方落后于人，而那些平素有"问题"的学生的家长甚至把家长会当成了心理负担。应该说，这是极为普遍的"家长会心态"。有的家长参加家长会似乎就只是为了解孩子的不足之处，与班主任交换意见时，如果班主任多谈孩子的优点，详谈孩子的长处，他们就觉得老师对孩子了解不够深，要求不够严；甚至有的家长回家对孩子转述老师的意见时，只讲关于孩子不足之处的谈话，而只字不提老师对孩子进步的表扬之言，似乎只有这样借师道之威，孩子才不骄傲自满，才能不断追求上进。以至有些班主任把"请家长"当作惩治学生的法宝。另外，在很多父母的头脑中认定老师是万万不能得罪的，否则自己的孩子就会受老师的冷落。所以在家长会上没有地位，父母与班主任之间不存在平等关系，对于他们来说，一旦孩子归老师管，自己也就成了老师的部下，随时听命于老师的指挥。

4. 学生对家长会的态度

一般情况下，很多孩子在家长会后都要受到家长的批评、训斥，甚至责罚。这样一来，多数学生产生了对家长会的偏见：家长会就是"告状会"，家长会后家里就上演"批斗会"，继而学生渐渐害怕、反感，甚至仇恨一切家长会。有人曾做过调查，70%的学生听说开家长会心情紧张，家长会后18%的学生与家长关系紧张，32%的学生受到严肃批评被限制活动。有些平时表现较差的学生甚至谎称"父亲出差，母亲加班"来搪塞老师，不让家长开家长会。家长会本是一次绝好的学校、家庭相互交流、协调的机会，但它背负了太多父母、老师的殷切期望，以至于加重了学生的心理负担，变得面目可憎，乃至一些学生会对老师和家长之间任何的交流与沟通进行妨碍和阻挠，从而让家庭和学校这两方对学生正当而科学的

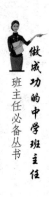
协调教育也大受影响。

家长会到底怎样开，具体的模式没有定论。但基本的原则应该是有利于素质教育，有利于老师与家长、学生的相互交流与协作，有利于孩子们身心健康发展。

（二）开好家长会对策

1. 明确家长会的目的和内容

作为班主任，首要的一点就是要弄清楚为什么要开家长会，即家长会的目的。根据笔者的经验，家长会至少要达到以下几方面目的：

（1）了解学生家长及家庭情况

我们知道，学生所接受的教育是立体化的，其中家庭影响至关重要。学生的许多品质是在家庭的熏陶中形成的。因此，班主任在决定对学生如何进行教育之前，必须首先了解学生的家庭。通过学生渠道和家访可以了解到一些情况，但家长会更是了解情况的良好时机。通过家长会，教师要了解如下情况：

家庭的成员及经济状况。如果家庭比较贫困，就不能为子女提供正常的学习条件，这将严重影响着对青少年学生的教育和身心发展。相反，有些学生的一些不良行为如聚众吃喝，进出游戏厅、歌舞厅等，与过于优裕的家庭条件不无联系。

家教状况。父母的教养方式对青少年的个性影响很大。家庭对孩子是溺爱放任、粗暴严厉，还是不闻不问，教育内容与方式是否恰当、家庭和睦与否、家风情况等。

家长的文化水平、职业、性格、处世态度等。家长的文化程度是影响子女学习成绩和品行的极为重要的因素之一。家长文化程度高，就能主动指导子女学习，中等文化程度的家长对子女的思想教育和学习成绩也能起到较好的作用。对于初等文化程度的家长来说，往往由于自身无力指导,而只能听任自便。此外,学生家长的文化程度道德水准与学生品德面貌存在着极高的相关性。家庭的职业类别是家庭教育的一个客观指标。由于家长的职业不同,使得家庭教育和家庭生活都会受不同程度的影响,由此也就形成了不同的家庭环境、家庭学习条件、学习气氛;不同职业类别的家长对子女教育的自觉程度的和教育方式均存在差别。家长的职业道德、职业修养对子女都是有一定影响的。

家庭的自然结构。常态结构家庭的子女一般可健康发展,而非常态家庭情况需要特别了解。一是离异家庭,二是成员缺损家庭,三是收养家庭。这些非常态家庭可能对孩子学习成长有精神负担,而且也是导致青少年犯罪的主要原因。

教师了解到的这些情况,可以为制订教育措施提供详细的依据,使教育有的放矢,对症下药,详细设计出与家长交流的工作日程。

(2)向家长介绍本班的工作计划和学生的发展情况

对班级建设目标的明确和清晰,有助于家长对班主任工作方式方法的理解和支持,因此,班主任老师应该借助于家长会的契机,向家长具体介绍班级工作计划。特别是刚组建的班集体,班主任应清楚地向家长介绍班级工作计划及自己工作目标,如班集体的奋斗目标、班集体管理形式、班集体的活动、具体工作安排等。并结合班级工作计划的内容和学生实际情况,选择典型的事例在家长会上进行分析。如此,使家长对班主任的工作、班集体发展风貌有所了解,有所认识,有所信赖,使家长能积极主动配合学校加强对子女的教育,承担起家教的职责。

(3)相互交流学生表现情况

家庭、学校是学生活动的两个最重要的场所。作为家长,很想知道学生在校表现情况;同样,班主任也想知道学生在家里的某些情况。因此,相互交流学生情况是家长会的重要内容。不过,作为掌握主动权的班会

主持者,应该慎重地进行这种交流。为了节省时间,要注意引导家长尽量讲一些教师想知道的情况,内容要集中;在向家长介绍学生在校情况时,要认真、慎重选择内容,要充分考虑到某些内容反馈给家长后可能会产生的一些副作用,教师在面对家长时,心里一定要"装着"学生。

(4) 帮助家长提高家教水平

家长是教师的助手,家庭是学校的第二课堂。帮助家长提高家教水平,可以大大促进对学生的教育效果。"授之以渔"也许更为重要,不妨把家庭教育的科学知识教给家长,以帮助家长提高家庭教育素养。

分门别类、科学指导。班主任要把与家长的联系纳入学校工作计划,把与家长的结合作为整体工作不可分割的一部分。把所有学生的家庭情况分门别类,指导其家庭教育。对文化程度较高处于工薪阶层的家庭最好建立联系卡,定时互通情况;对经济困难的家庭要把握政府或社会资助的机会,也要求学生家长或个人通过勤劳致富解决孩子的基本生活问题。当家庭经济状况高于适中水平时,提醒家长在为其子女提供生活条件方面给予必要的节制,同时为之创设必要的锻炼、劳动和自我服务的机会。对非常态家庭的子女,要认真观察、分析学生引起障碍的原因,同时用师爱弥补家庭的爱的不足。

总之,无论遇到哪种情况的学生和家长,教师都要创设各种条件,使学生的身心最大可能地得到健康发展。

指导家长要会爱孩子,理解孩子。"以爱育爱"是教育的至高境界。爱孩子,是每个父母都懂的道理。但作为家长必须明白:爱的缺乏和爱的过度,都会对子女的教育产生极为不利的影响和后果。因此班主任应指导家长对子女的爱必须有理智,有分寸。只有这样,爱才能转变成为对子女教育的力量,才能发挥爱特有的教育功效。在家长会上不妨把学生的心声反馈给家长,给家长的心灵以极大的触动,自觉改正一些不恰当的家教方式。

教师要指导家长对子女的期望水平适中。要指导每个家长都认识到孩子走向社会，成为普通人的居多，是小草就让其点缀大地，是大树就让其成为栋梁。如果脱离子女的实际水平，一味追求高水平的期望，既不现实，又会成为学生巨大的心理压力。

注意典型引路。一些优秀家长的家教情况是最生动的教材，最易为其他家长学习仿效，因此，班主任可以帮助这些家长总结经验，让其在家长会上进行介绍。也可以由班主任介绍一些优秀家长的教育事例，使其他家长受到感染和鼓舞。

(5)阐明、宣传有关政策，增加理解，消除隔阂、误会

家长会是和全体家长进行沟通的最佳时机，班主任可以利用家长会宣传有关教育政策，如《义务教育法》等，对辍学就工等违法现象进行分析，帮助家长提高认识。另外，家长对学校意见最大的是收费问题，主要原因是家长对学校及上级有关政策不清楚。班主任应在家长会上讲明为什么收费、哪些费用该收，并欢迎家长对学校收费情况进行监督，以取得家长的谅解和支持。

2. 把握家长会的原则

自从产生"家长会"以来，无论成绩好坏的学生几乎都害怕开家长会，害怕面对开完"家长会"归来的家长。当家长从家长会上了解孩子本学期存在问题时，对孩子而言要面临的可能是各种不同的教育方式：打、骂、责、罚、讲道理等等。无论是哪种方式，实际上孩子都不能在短期内改变，而一旦孩子在家长会后受到打、骂、责、罚，其内心可能会产生抵触情绪、逆反心理，甚至对老师怀恨在心，因此，既没有真正改过，更不利于孩子成长。这样的家长会，学生、家长、教师之间很难形成合力。因此，要成功开好家长会，发挥家长会的教育作用，必须把握以下原则：

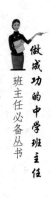
（1）家长会应有充实的内容

家长会除了向家长告知学生在校的基本情况，还应向家长介绍家庭教育的经验，对家长教育子女的方法给以必要的指导。素质教育的今天，家长会的内容不能只停留在成绩单上。家长会的核心作用是引导家庭教育向积极方向发展，让家庭教育配合学校教育，形成促进学生素质发展的家庭、学校合力。例如：许多成绩好的家长认为自己的孩子是完美的，成绩差的家长认为自己的孩子一无是处，或认为只有成绩好将来上大学才是成才等等。针对这些偏差，班主任在家长会上就可以从"五育"角度向家长介绍什么是全面发展的人，和家长一起客观分析孩子的优、缺点，让家长正确认识孩子、对自己的孩子充满信心。家长会上，还可以向家长介绍现代教育思想和最新教育动态等。

（2）家长会应是双向交流的过程

开家长会时，家长不应只是听众，更不是旁观者，他们是班主任充分协调和利用的教育力量。因而，开家长会时，家长只处于被动的"听"的位置是不可取的，班主任可以将班级管理中遇到的问题在家长会上提出来，与家长协商，群策群力，共同探讨，肯定大有收益。另外还可以向家长询问他们对学校各项工作的意见和建议，班主任将这些意见和建议记录下来，有助于学校工作的改善。

（3）家长会不能开成告状会和训话会

学生怕召开家长会，特别是考试成绩不理想的学生。有的班主任为了教训平时表现欠佳的学生，借家长会之机向其父母告状。这样做，可能激化师生矛盾，产生对立情绪，工作更难开展。同时，也切忌把家长会开成训话会。家长有时也怕开家长会，子女成绩不理想，颇难为情，仿佛低人一等，班主任在台上板着脸，宛若对学生做缺席审判，家长心里也在受煎熬，家长在某种程度上成了班主任对学生指责与训诫的替罪羊、出气筒。

总之，班主任召开家长会是一次与家长交流情况，相互了解学习的好机会。班主任应做好充分的准备，有明确的目的，收到实效，让家长会开得成功一些，让自己的工作更出色一些。

三、充分利用学校运动会的教育契机

运动会是学校一项大型的集体活动，也是班主任建设良好班集体，增强班级凝聚力，对学生进行健康人格教育不容错过的好机会，如果安排得当，可以使自己对于班级的管理事半功倍。

（一）运动会的作用

1. 培育竞争意识

"竞争"是促进一个人，一个团体，一个社会不断前进的动力。没有了竞争，会因为失去挑战性而磨灭斗志。全校运动会，作为一个面向全校师生的盛会，是各班级展示自身实力的一个重要机会，每个班都想借此打响自己的名声，这样，一种竞争氛围自然而然地形成了。从对参赛运动员的训练，到比赛期间，一直到比赛后，竞争始终是一条主线，许多班主任老师都充分意识到了这一点，并善于抓住时机，通过校运会使学生积极投入运动比赛和健身活动中去，在运动中培养竞争意识和健康的体魄，增加竞争的优势。

2. 提升凝聚力

学校运动会是一个以班级为基本参赛单位的，各班级选好参赛运动员、啦啦队队员，并把他们集中在一起进行系统的训练，他们代表的是各自的班级，所有成员都团结在一起，形成统一战线，为荣誉而奋斗，共同

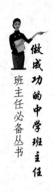

分享胜利的喜悦。因此,这种竞技性的体育活动,最有助于提升班集体的凝聚力,提升班级成员的集体荣誉感。而且,这种意义不仅仅局限在班级、年级,而更深层次的是在学校建设和个体的长远发展方面也将起到一个积极的促进作用。

3. 促进大团结

通过举办一次运动会,不仅仅使每一个班都形成一股凝聚力,形成一个坚不可摧的整体,正如奥运会的一个目的一样,它也促进了各个班级、年级的交流和友谊的形成。学校运动会,为各班级的相互交流提供了一个绝好的平台。在运动会过程中,各班级的啦啦队不仅为本班加油,也为对方加油助威,这充分体现团结一致、友谊共存的精神。学校运动会不仅促进了学生身体素质的提高,使同学们全面发展,也增强了同学之间、班级之间、学校各部门之间相互交流,形成一个团结向上的局面。

总之,学校体育运动会,不仅仅是一次体育运动会,实际上是素质教育的一个重要组成部分。一次学校体育运动会,学生会在和谐、平等、友爱的运动环境中感受到集体的温暖和情感的愉悦;在经历挫折和克服困难的过程中,提高抗挫折能力和情绪调节能力,培养坚强的意志品质;在不断体验胜利或成功的过程中,增强自尊心和自信心,培养创新精神和创造能力,形成积极向上、乐观开朗的生活态度,形成现代社会所必需的合作与竞争意识,学会尊重他人和关心他人,培养良好的体育道德和集体主义精神。

(二)班主任在运动会中的作为

1. 端正态度

学校召开运动会,学生的积极性往往根据自己的特长程度成正比关系。也就是体育特长好的同学,这个期间的表现欲会空前的强烈。他们的热情自然会带动班级里短暂的浮躁,这是很正常的事情,所以班主任老师不要在这个时期压制学生的情绪，不然，易造成部分学生的对立，从而对运动会降低热情，如此，班级的凝聚力就会出现阻碍。所以，在运动会前期，班主任要召开班委会，毕竟运动会是学生的，班主任要将班里会出现浮躁的现象提前告诉班委，首先，平静班委的心情。其次，班主任要在全班同学面前做动员，向学生们表明老师的态度：学习就认真去学习，比赛就痛快地比赛，使积极参赛的学生有定心丸。

2. 做好会前安排

（1）组织全班集中报名

为了节省时间，提高效率，班主任老师可以组织全班集中一节课的时间进行报名，而不是所谓的放手让体育委员课下去给报名。短时间集中报名可以减少班级浮躁情绪的时间。个别项目要大胆让学生尝试，报名的时候，有的项目短缺，也有的项目报的人多。短缺的项目应鼓励学生积极参加，重在参与。对于项目多的人，千万不要主观地选择参赛的学生，恰恰可利用这个机会去比一比、赛一赛，能者上。这种班级中的小小比赛，自然就把问题转移到学生成长方面去教育，也会给以后或者当前的教育做了良好的铺垫。

（2）关注参赛学生的锻炼

明确态度后，要鼓励学生去锻炼，不要破坏学生的积极性。要帮助学生选择好锻炼的时间，如联系体育老师，调整体育课，给学生锻炼的时间。同时要指导学生不要盲目训练，如一些项目学生本身没有掌握技术要领，则找体育老师帮忙教会。

（3）重视入场式的练习

入场式是最让全班学生激动的事情，因此，必须高度重视，认真排练。在入场式的练习上应把握以下三原则。第一，张扬个性，理智地尊重学生的安排，彻彻底底成为学生的指导者。第二，不丢下一个学生，

159

尽可能让全体同学参加入场式。第三，入场式必须成功，绝不允许失败。入场式不是运动会的竞技项目，但它对于班级的凝聚力有着不可忽视的影响。所以班主任老师在这个问题上的态度就是要"不能失败"。它呈现了班级的凝聚力和班级特色，展现了学生的精神状态，会让全班同学享受到班级荣誉感。特别是班级口号一定要激昂，壮运动声威、展班级风貌。

3. 运动会上不留遗憾

虽然是学生的运动会，但老师的状态直接影响着学生的情绪，因此，班主任老师在运动会上要和学生一样激情四射，全身心投入地做好啦啦队员，大声为参赛学生呐喊助威，让学生感受到老师的激情，使之成为为集体争光的巨大力量。同时，不要忘记比赛归来的学生。无论他们的成绩如何，班主任老师都要敏锐地捕捉他们归来的身影，带头为每一个回来的参赛学生鼓掌表示祝贺，如果有条件，最好将每一个参赛同学进行拍照留念。

4. 运动会后和学生一起分享

做好运动会后的总结工作。运动会的总结会，其核心应该是表扬和奖励，对于每一个运动员都要有重点、有方向地进行表扬，同时可给予一份小礼物进行激励。对于学习成绩落后的运动员，恰好可以利用这个机会进行动机迁移教育，以其运动上的成就感的体验激起对学习目标的追求。而对那些在运动会上出现违纪现象的学生，可以留在总结会之后单独进行交流教育。

第七章　善于调整，优化班集体的人际关系

提起人际关系，很多班主任往往不以为然。他们认为，班主任的主要工作任务是把学生"管"好，而"管"学生的基本方式，除了个别教育外，就是在班内详尽地做出各种规定，努力占有学生的空余时间，组织琳琅满目的集体活动。内容充实的集体活动确实是形成班集体的必不可少的桥梁，但绝非目的本身，而活动质量的一个重要标志则是其中展开的交往和随之形成的人际关系，以及由此而对个性发展产生的教育影响。为此，班主任在认真开展班集体教育活动交往的同时，还应当自觉地把调整班集体的人际关系作为工作的重点之一。

一、班集体良好人际关系的作用

（一）班集体人际关系的特殊性

班集体的人际关系，是作为主体的学生们通过交往和活动在相互作用中形成的内在联系。它包括师生关系，即垂直关系；学生相互之间的关系，即水平关系；学生个人与群体或集体的关系，即点面关系。这三种关系又都以非正式关系（情谊关系）和正式关系（责任依从关系）的形式表现

161

出来。不仅如此,它还衍生出非正式群体相互之间的关系,非正式群体与正式群体之间的关系,如小组与班级之间的关系,班级与平行班之间或与高低年级之间的关系,班级与全校的关系,班级与校外环境的关系等等。

班集体人际关系具有与成人集体一样的特征。第一,社会性,它是社会关系真正的实在现象。从社会功利角度看,可分成积极或消极的关系。第二,潜在性,人们往往没有意识到自己已经进入一定的人际关系,因其内容和实质是隐含的。第三,情绪性,它在很大程度上受情绪、情感和激情的影响。

此外,班集体的人际关系还具有自身的特殊性:

(1)纯洁性:学生生活的主体内容是学习,他们相互之间没有根本性的经济、权力等利益冲突,受社会上人际交往中消极因素的影响较少,易于建立诚挚的关系。

(2)波动性:学生有强烈的人际交往需要,思维活跃,但自我意识正在形成之中,情绪波动幅度大,既易于产生情感共鸣,也常常会反目冲突。

(3)文化性:它以特定的校园文化为背景,围绕为掌握科学文化的共同性学习活动而建立,是一定水平的社会文化的积淀和折射。

(4)可控性:它依赖于一定的组织网络,通过教师集体对共同的教育活动及其中的交往的指导甚至是干预,伴随教育教学计划的实现而建立和发展,具有很大的可塑性。

(二)班集体人际关系的结构分析

要做好班集体人际关系的调整,必须深入研究班集体人际关系的结构。为此,有必要做以下三个角度的分析:

1. 从班集体人际关系形成的角度分析,它是社会的、心理的和控制的关系的综合

第一,班集体的人际关系是社会关系体系的截面。班集体接受着各

种社会影响，并以国家的教育方针和社会的现存规范为准则，在自身内部建立各种人际关系。它仿效宏观社会中的成人集体，但又具有一定的超社会倾向，要求平等的地位，向往民主的生活，渴望社会贤达式的领导，憧憬良好的社会风气，追求个性的充分发展等。然而，班集体自身发展的不同程度的稚嫩，因义务感为核心的道德感的发展而形成的维护集体荣誉的向心倾向，因仿效机制而产生的同化作用，由一定的教育秩序和学校生活的惯性而形成的稳定趋势，又与这种超社会倾向发生种种矛盾。为此，班主任必须研究班集体及其成员与外界的联系，研究社会信息在班集体的人际关系体系中的具体反映。

第二，班集体的人际关系是通过交往形成的心理关系。它包含着认知的、情感的和态度的三种相互联系的成分。认知成分是指学生之间及他们与教师之间的相互感知和理解。相似的价值观和认知水平作用于共同经历的事实就易于产生认知的相似性。情感成分是指学生在交往需要双方面彼此获得满足而产生的体验。在交往过程中，如存在需要互补性，相互有吸引力，就易于达到情投意合、紧密团结的程度，而形成情感上的融洽性。行为成分包括学生的表情、言语、举止作风和活动等，它在人际交往中起着重要的作用。如果在具体活动中相互支持和协作，在各种行动中相互配合，就易于产生行为的协调性。一言以蔽之，从心理方面看问题，班集体良好的人际关系就是学生认知的相似性、情感的融洽性和行为的协调性等心理成分的总和和外化。其中，情感的融洽性往往起关键作用。

第三，班集体的人际关系可以看作一种控制的关系。班集体的人际交往也是人类有目的的活动，因而它在一定程度上是一个信息传递、加工和贮存的系统，并通过反馈来实现控制。当班集体人际交往的信息输出转变为输入时即为反馈。因而，只有对班级人际关系系统实现有效控

制,班集体的人际关系才能符合教育要求。

2. 从班集体人际关系内容构成的角度分析,它是垂直关系和水平关系的交叉网络

由于教师职业的特殊性,学生处于成长过程之中,师生间的垂直关系对于班集体中的水平关系常常具有举足轻重的作用,其中,师生关系的风格和水平往往制约着水平关系乃至整个班集体的心理氛围。

3. 从班集体人际关系的层次角度分析,它是由表层、中层和深层三个层次交叉构成的整体

班集体人际关系的表层是以自由交往为基础的情谊性关系为主,中层是以角色交往为基础的责任依从关系为主,深层则是通过以社会道德要求为准则的交往而建立的真正的集体主义关系。如果一个班级中情谊性关系占主导地位,则责任依从关系就可能成为可有可无的陪衬,此时,班级不是因非正式群体"割据"而呈现出四分五裂甚至是一盘散沙的局面,就是责任依从关系变得十分脆弱,因而最多也只会到达联合群体的水平,而无论如何也称不上真正的集体。如果一个班级中的人际关系以责任依从关系为主,则它已上升到班集体的水平。然而,如果把责任依从关系强调得过了头,忽视情谊性关系,则往往会使班集体的生活变得单调苍白、枯燥乏味,而缺乏凝聚力,此时的班集体就难以建立真正的集体主义关系,也难以上升到优秀集体的水平。

因此,班集体理想的人际关系是建立在社会主义人道主义基础上的集体主义关系。其表现是:(1)责任依从关系和情谊关系有机结合。(2)对同学的尊重和关心泛化,即不是有选择地,而是对班集体的成员一视同仁,随时准备为他们的痛苦和欢乐做出反应。(3)交往的范围扩大,更富有情感深度,思想更充实,对其他集体产生了兴趣,并感到自身是整体的一部分。建立这种集体主义的人际关系是班主任工作的努力方向,因

为它是集体成熟的标志，是优秀班集体的必备条件。

（三）班集体人际关系调整的意义

传统的班级工作往往过分强调"一把钥匙开一把锁"，夸大个别工作的作用，而看不到人际关系的潜在影响，忽视集体教育的巨大功能，其重要原因是只看到教育的直接对象———一个单独的学生，轻视学生身上反映出来的错综复杂的人际关系。事实上，班内很多矛盾虽然表现为个人之间的冲突，但实质上却常常是这些学生隶属的非正式群体之间的矛盾，或是非正式群体与正式群体之间的矛盾。因此，不研究班内的人际关系，不把学生当成某种群体的成员看待，光做个别工作，就难以把握整个班集体的脉搏，有时工作效果反而会很差。班主任只有把学生的人际关系看作教育的真正对象和重要手段，对它悉心地研究，谨慎地调整，并在此背景上教育学生时，才会有真正的教育。

1. 良好的人际关系是班集体团结的纽带

班集体并不等于全班学生的简单相加，只有全体同学在共同活动中通过交往建立一定的人际关系后，才能形成群体。当他们间的人际关系逐渐由复杂趋向有序，由单一趋向丰富，由浅表趋向深层时，学生群体才发展为高级阶段的班集体。因此，班集体实质上就是人际关系有序的网络和稳定的集合。很多优秀班主任的实践证明，只有在班级内建立良好的人际关系时，集体目标才具备了内化为班级的自我意识、价值观念和行为规范的良好条件，此时，良好的社会心理气氛，健康的集体舆论和自觉的内部纪律才有肥沃土壤，班集体的需要也才能转化为学生的主体意识。总之，班集体良好的人际关系有利于集体成员产生公认的价值观和共同感受，从而增强班集体的凝聚力。

2. 良好的人际关系是个性形成和发展的影响源

人是在自身社会化的发展中成为个性的。而这种社会化发展的主要

165

动力是满足需要。人的需要越是多样化和高层次化,他作为个性前进的动力就越强大,他的发展就会越趋向和谐。而多样化的需要必须由丰富的人际交往来激发并实现,高层次的需要必须由高水平的人际关系来培育并满足。这是因为具有这种人际关系的班集体才是学生心目中的参照集体,它可为个性的形成和发展提供下列条件:

(1)努力把每个学生置于认真做事的生活立场之上,并有意地培养他们的公民意识和创造意向,形成符合社会要求的个性倾向。

(2)在丰富的人际交往过程中,为学生创设尝试自身的力量,找到自己感兴趣的事情,发现自身存在的价值的机会,从而使他们更全面地认识自我,确定并发展自身的素质和能力。

(3)学生在集体中居有一定的有利地位,感到自己确实是隶属集体的成员,是为集体所需要,而且是必不可少的、不可替代的个体,从而产生一种情感上的满足、愉悦。

3. 良好的人际关系是提高教育活动的目标达成的重要手段

为了达到各种教育活动的既定目标,提高活动的效率,凝聚而协调的人际关系是必不可少的条件。当学生在班集体内处于有利地位,他在丰富的人际关系体系中能从积极角度表现特长和施展才能,并被集体及其成员所珍视时,他就会在相应的教育活动中表现出空前高涨的积极性,而努力与其他同学协作,主动执行规范,创造性地完成任务。此时,如果其他同学也处于类似的状态,人际关系体系就会迸发出巨大的附加量,班集体就能如期地按照共同目标的规定去完成各项任务,并卓有成效地强化积极影响,控制和消除成员所接受的消极影响。如此,班集体由于良好的人际关系所创设的条件,就能真正显示出强大的教育和管理功能。

4. 班集体良好的人际关系是激发学生学习积极性的驱动力

中学生对于交往及建立人际关系有着特殊的需要,这种需要往往可能转化为学习的动机，促使认识活动积极化的内驱力。适度的集体性学习所培植的良好的人际关系，正孕育着对学生进行最优化教学的强大潜力。教育心理学和社会心理学的研究结果表明，学生头脑中的确切的概念是在交往和写作中逐步形成的。即便在个别化学习的时刻，学生仍然置身于无形的人际关系之中，他头脑中关于群体期望、伙伴榜样、他人评价、褒奖憧憬和失败体验等各种联想就充分说明了潜在的人际关系在发挥着一定的作用。良好的人际关系会促进学生提高学习目标的达成度，而不良的人际关系则会对学习产生消极作用。

综上，如果班主任把良好的人际关系看作教育的真正对象和重要手段，并为之积极开展工作，那么，班集体和全校集体就能较快地建成并不断发展，学生在良好的人际关系的条件下，就能共同愉快地完成学习和其他任务，并形成各种积极而高尚的品质，从而大大提高教育工作的效益。相反，如果教师不了解群体发展的规律，不研究和调整班集体的人际关系，不良的人际关系就会滋生和蔓延，就会瓦解集体，压抑个性，阻碍集体目标的实现。

二、改变控制方式，建立和谐的师生关系

由于师生关系的风格和水平往往制约着学生间的水平关系乃至整个班集体的心理氛围，因此，班主任教师必须首先对自己进行调整——调整自己的思想和行为，为建立良好的师生关系创设前提条件，为班级良好人际关系的形成奠定心理层面的基础。

（一）师生关系的形成及影响

师生关系产生于师生互动，从过程上看，师生互动实质上是一个矛盾统一与协调的过程。在教育过程中，师生天然是一对矛盾。教师作为社会的代表者，他对学生的影响是一种专业行为，处于矛盾的主要方面，起主导作用。师生互动的效果，主要取决于教师自身的道德水平及其选择互动的方式是否能调动学生的主观能动性。教师道德水平高，就能以自己的道德人格的力量影响学生，感染学生。教育方法科学，符合学生年龄特征和个性特点，就易于激发学生积极向上的需要，反之则无效，甚至负效。学生作为受教育者，是接受教育的客体，但同时也是自我教育的主体。学生是具有主观能动性的人，对于外在的影响，他总是按照自己的方式，根据自己的需要有选择地吸纳、接受。在教与学这对矛盾的运动过程中，学生的反应必然不断地反馈给教师，促使教师对其教育内容、方式以及自身的品格进行反思，并相应调整教育策略，使矛盾统一和协调，达到互动的最佳效果。

在这一矛盾统一与协调的过程中，并不是所有的互动都是积极的、主动、充分有效的。师生互动的性质、程度与效果和教师的"教师观"与"学生观"是密切相关的。师生关系存在多种状态，根据不同的分类，可划分多种层次。但无论哪种状态，一般而言，都有明显对比性的两种类型。一种是权威性的，一种是民主性的。

权威者，往往把自己看作是绝对权威，学生犹如被看管的羔羊，既无视学生的独立人格，也看不到学生的内在需要，强调的是师道尊严。由于其角色地位的确定，以及学校各种规章制度等的约束，教师对学生的影响实质上是一种权力的影响。自然，学生对教师常常有一种防备心理，甚至有一种恐惧感，师生关系疏远，甚至对立。这种类型的互动常常是被动、刻板的，学生的反应是消极的，甚至是抗拒的。

具有民主观的教师则不同，教师既明确自身的教育职责和扮演的社会角色，又不凌驾于学生之上以"救世主"自居。教师不仅把学生看作是教育者，更把学生看作是与自己具有平等地位的人。在教育过程中，教师作为指导者、顾问和朋友与学生共同讨论问题，帮助学生发现矛盾，引导学生思考，自己做出正确判断，把教师的目标转化为学生自己的需要，把施加的影响根植于师生的情感交流之中。这是一种非权力的影响，尽管也有学校制度等约束，但这是在双方共同的需要和兴趣的基础上发生的互动。这种互动一般都是积极、主动的，并且是充分有效的。

综上，班集体人际关系的关键是师生关系的性质和水平。班主任应努力遵循师生交往互动的基本原则，建立民主平等的师生关系。

（二）师生交往互动的基本原则

1. 相互尊重

相互尊重是指师生之间平等相待，尊重对方的人格与自由，并对对方的话语愿意倾听。这是建立良好师生关系的前提条件。

【案例】

班干部小陆在上自习课时与另一名同学扔粉笔头。黄老师得知后在全班同学面前批评了小陆，小陆接受了批评，并表示今后一定改正。可是有些同学不服气，小施同学在周记中对老师提出了意见，认为小陆扔粉笔头不全是他的错，另一个同学也有错。不能因为一个人当了班干部与别人发生矛盾时，就什么错都是他的。

小施的意见促使黄老师进一步详细了解了事情的经过。原来另一个同学在这件事情中应负主要责任，是他挑起事端的。事后，黄老师做了反思。她在日记中写道："我对这件事的处理太主观了，以致产生了偏颇，影响了同学的情绪。我原以为，我批评的只是小陆一个人，只要他能接受批评就行了。但事实上，我一站到讲台上，面对的就不是单个的学生，而是一个班的学生整体，自己的思想、态度、好恶会对全体学生带来影响。……记住，粗枝大叶，随心所欲，都将带来始料不及的后果，即使是进行一次简单的表扬或批评也不例外。"

黄老师尊重学生，是真正在平等的地位上对待学生，她不仅帮助学生改正缺点和错误，也能接受学生的意见和批评，并不断对自己的教育进行反思。学生尊重老师，不仅把老师看作生活的先行者、引路人，而且把教师看作与自己同样具有个性的可以交流思想的人，因而能主动提出自己的看法和意见。

相互尊重是师生交往互动的基础。尊重他人，才能得到他人的尊重。教师尊重学生并要赢得学生的尊重，必须处事公正，对学生一视同仁，不以学生各人情况的不同而不同对待，这样的教师，学生才乐于与之交往。教师尊重学生，还要懂得发现学生身上的闪光点，鼓励学生进步，用发展的眼光看待学生，保护学生的自尊心，增强学生的自信心，这也是对学生的最大尊重。

2. 情感交融

相互尊重是在理智层面上认识师生互动，而情感交融则是从情感角度深入师生的内心世界。它是建立师生亲密间关系的强有力的纽带，对学生的自我教育、自主发展起着促进作用。

师生情感交融，需要教师对学生的宽容与理解，需要学生的"敞开"与"接纳"，这些都在于师生之间有心灵的对话，情感的沟通。这就需要教师对学生有真诚的爱、信任和鼓励。所谓以诚感人者，人亦诚而应。

【案例】

留级生小宋来到黄老师的班上后，心中忐忑不安，不知老师和同学将会怎样对待他。黄老师利用写评语的机会与他交流。黄老师写道："自从你来到我班后，似乎变了一个人，老师真为你高兴。你能按时交作业了，你懂得关心集体了，你想当好学生了。老师忘不了你当上值日小队长时那认真负责的态度。有一次，一位同学不小心摔倒了，你背起他就奔向卫生室。目送你高大的背影，我感到莫大的欣慰。孩子，有一点还要提醒你，有时你表现散漫，尤其是当老师不在时。要知

班主任必备丛书 做成功的中学班主任

170

道,老师和同学们期盼着你取得更大的进步啊!"小宋读了评语十分感动。

黄老师总是针对每个学生的特点来写评语,所以学生们看了都十分兴奋。一个学生给黄老师的春节贺信中写道:"老师,读着您为我写的评语,就像孩子听妈妈讲话一样感到亲切。"另一个学生在春节贺信中说:"老师,您夸奖我口头表达能力强,我很高兴。您说我将来能不能成为公共人员呢?"

黄老师与学生的这种情感交流,对学生的发展会产生一种积极的刺激作用,由"要我做"转为"我要做"。前者是对学生的鞭策,让学生意识到自己的社会责任,后者则是内在的需要和积极的愿望。互动产生思想情感的共同体,而有了情感的共同性才能在更高层次上发生互动。情感交融反映了师生之间既悦纳自己,又接纳对方,并在相互认同的基础上进一步相互了解,促使师生更自觉地合作。

3. 自由选择

自由选择体现了对对方主体性的尊重,是师生互动在精神层面上的更高准则。每个人都有自己的理想、信念和做人的准则。在社会共同的基本价值观的大前提下,应该为每个人留有余地,给予对方自由选择的权利。同时,任何自我决定的活动,开始总有一个考察的阶段,因为环境的刺激与个人行为反应之间有一个选择、判断、解释人们行为的心理过程。并且由于各人的性格特点、家庭背景等等方面的诸多差异,同样的刺激,对于不同的人,反应也不一样。也就是说,人的行动总是按照自己的主观上的"情景"定义做出反应的。教师尊重学生自由选择的权利,就包含着对学生的信任和热切的期待,学生就会向着这种期待去努力。同时,就教师而言,每个人有自己的性格特点、教育特长,他所面对的学生又都是活生生的人,因此,在师生互动过程中,行为方式也应有自由选择的余地,不应按一个模式去套用。

【案例】

星期三下午是全校学生自修时间。初三(1)班的学生都没有上自修课,不

171

听值日老师的劝阻，到历史博物馆参观去了。这一事件在全校教师中引起了轩然大波，各种处理意见都有。班主任丁老师没有简单地批评与处理，了解情况后，她建议班干部开个主题班会，中心议题就是如何认识和处理周三外出事件。有的同学说，不遵守学校规章制度应该接受学校处罚；有的学生认为到历史博物馆参观也是学习，何况这是历史老师布置的课外作业，应该予以表扬。经过热烈的讨论，全班同学统一了认识，提出两点处理意见：一是作为学生，未事先经过老师同意就擅自外出，不遵守学校规章制度，这是不对的，应该接受学校的处理；二是去历史博物馆参观是一种主动学习，应该肯定，但以后要说明情况，得到老师的理解和支持。自此以后，学生们更加自觉遵守学校各项规章制度，主动学习的精神更强了，在一些问题的处理上考虑更全面细致了。

互动不能强制，能否接受对方的影响出自内心的需要，有需要才有感受，并在诸多影响中做出选择。丁老师没有自己处理这一事件，而是让学生讨论决定，尊重学生的自由选择。通过讨论，学生有了更明确的自我意识，由他们自己决定应该怎样做，而不是被迫接受。但是这并不是教师放弃教育的责任，而是给予引导，提供思考的材料，帮助他们寻找如何做出决定。学生的选择过程，也引发教师更多地思考怎样更充分地发挥学生的主体作用，培养学生独立的人格。

4. 参与体验

只有参与才有体验，有体验才有感悟和成功。参与体验包含两层含义：一是师生互动要以活动为载体，要让学生主动参与活动；二是教师必须参与学生活动。参与体验主要是师生共同参与的活动，在活动中交往，形成共同目标，增强自我意识，加强相互理解。教师主动参与，将自己置于学生之中，移情换位，体验学生的所思所想，缩短了与学生的心理距离，师生互动就有了基础。学生参与活动过程，增强了主体意识，在活动中发挥了创造性，更认识了自身的价值。为了使活动取得成功，学生必然从整体出发，把个人与他人的态度联系在一起，遵守共同的行为规则。师生在同一方向上发挥各自的主动性，就会产生和谐共存的体验，并更加自律，从而使互动更充分有效。

【案例】

黄老师有两句常用语："假如我是孩子"、"假如是我的孩子"。她总是设身处地从学生角度考虑问题。有人说现在的孩子自私、缺乏爱心，不会去关心人。黄老师指出，相当一部分孩子的自私心理是不恰当的教育和环境造成的，学校如果能为他们创造一些条件，相信孩子一定是会变的。

为此，她组织班上同学成立"忘年交"志愿服务队，每周六到敬老院去服务，献上一片爱心。只要是力所能及的活儿，他们都抢着干，削土豆、切冬瓜、给老人喂饭、擦窗子、拖地板……他们陪老人去公园散步，游览上海市容，送去自己精心编织的一条条围巾、一顶顶帽子……在师生共同参与的"忘年交"活动中，孩子们感受到关爱他人的道德体验，获得精神上的满足，看到了个人在社会中的价值，得到了自我肯定。有的学生在作文中写道："付出爱心比获得爱幸福百倍。"

不论是教师还是学生，参与体验使每个人的内心都有一种深刻的感受和被净化了的自我超越感。这种参与体验使人感受到的是回到自我生成，回到具有鲜明个性的生活之中，被崇高的信念所感召，从而精神得到提升。

师生互动是结果，更是过程。在这一个过程中能否充分有效地互动，能否建立良好的师生交往关系，主导方面是教师。这种互动的效果与教师的敬业精神、道德素质、业务水平及各种能力是密切相关的。

（三）班主任要善于做自我调整

师生关系是班集体良好人际关系的核心与关键。在实践中，班主任需要不断对自己的"学生观"、"教育观"进行检验，必须首先对自我进行调整，调整自身的思想和行为，为建立良好师生关系创设前提条件。

所谓班主任的自我调整，是指班主任在处理包括师生关系在内的人际关系矛盾时，努力发挥教育者素养方面的优势，克服自身的缺点，根据教育的辩证法调整交往风格和管理方式，不断提高教育艺术水平。

班主任的教育水平通常会从以下五个方面反映出来：①对班集体自我管理机构所持的态度；②在矫正学生行为和推动集体前进时最喜欢采用的措施；③解决矛盾和冲突时常用的方式；④提出教育要求的途径和方式；⑤在师生交往时与学生保持的距离。因此，班主任应当从上述五个方面考虑对自身行为的控制，努力促进良好师生关系的建立和发展。

根据班主任在自我调整和领导方式方面所呈现的特征，一般可将班主任划分为三种类型：合作型、放任型和专制型。根据偏离集体的非正式群体的价值观和利益进行定向，把感到被拒斥、被歧视的学生数在全班学生中所占的比例称为"隔绝比率"。研究表明，在专制型班主任领导的班级里，人际关系中的"隔绝比率"是合作型班主任领导的班级中的三倍。此时，同学们的交往需要和自我肯定需要得不到满足，因而开始寻求消极交往，而介入不良的人际关系支流之中。在情况严重的班级里，"隔绝比率"甚至可能高达65%。所以，专制型的交往和管理方式是不利于建立良好的人际关系的。而放任型的交往和管理方式也不利于良好人际关系的建立。

因此，应该努力倾向采用合作型的交往和管理方式，以建立和谐的师生关系。班主任对待班集体的自我管理机构应当持信赖的态度，而不应漠不关心，更不可以权威的姿态压抑其积极性。当学生取得成功时必须热情地赞扬，在发生冲突时善于客观地分析原因，公正而冷静地指导班集体妥善处理。并要善于理解学生有时不能完成教师和集体所交给的任务的客观原因，不能要求过高，操之过急，也不可功过是非不分，竭力回避矛盾，更不可认为对学生必须以严厉制裁为主，不允许学生对教师的意见有任何违拗，在冲突中采取进攻的姿态，而应当同学生们保持紧密联系，努力以信任和期待的语调同他们交谈，而不是很少在课外同学生交往，也不是只同学生在公务性联系中交往。应该敢于承认自己的错误，而不是马马虎虎，敷衍了事，更不是居高临下，文过饰非。

为了实现自我调整，努力建立合作型的交往风格，班主任必须积极参与班级集体等人际活动，以便从自己及他人身上发现个性问题，并加以培养、发展或完善。唯有如此，班主任才能从每个学生身上看到独一无二的个性，才能较主动地通过调节人际关系而加以培养，才能使学生使自身不可重复的个性意识得到发展，使学生与同学、教师、集体密切相关的感觉得到强化。

为了建立良好的师生关系，班主任做自身调整，最基本的要求是真正地把学生当成活生生的人。少数班主任基本上不研究、不尊重学生的个性需要，实际上就是没有把学生当成有血有肉、有思想、有情感的人看待，他们也就必然在师生交往中显示出居高临下、垄断真理的姿态，以致使师生关系变得紧张。只有保持师生间人格上的平等，班主任才能去探求学生内心的矛盾和苦衷，才能理解学生在人际交往中的起伏和反复，建立合作型的交往格调，实行适度控制和优化师生关系才具备了条件。

三、善于协调，融洽学生与科任教师之间的关系

作为班级管理工作的核心人物——班主任，能否协调好班上所有任课教师与学生的关系，能否形成和睦共处、齐心协力、齐抓共管的工作环境，对班级工作起着至关重要的作用。协调科任教师与学生之间的关系

不仅是班主任的职责,也是班主任工作的一项重要义务。妥善处理好科任教师和学生之间的关系,对搞好整个班级的教育教学工作,促进良好班风的形成有至关重要的作用。

(一)协调学生和科任教师关系的意义

学生和科任教师之间的关系,是学校教师和学生之间人际关系的一个方面。它是建立在民主和平等基础上的新型师生关系。这种关系表现在两个方面:一方面是科任教师对学生的关怀和热爱,另一方面是学生对科任教师的尊敬和信赖。在这里,科任教师热爱学生,关心学生,主要受教师高尚的职业道德和强烈的事业心,以及个人的理想、信念和教育观点所支配。而学生尊敬科任教师,是对教师爱学生的反应,通常是根据个人的主观判断和情绪体验来决定的,更富有情绪色彩,具有很大的片面性和不稳定性。

学生和科任教师的关系在学校人际关系结构中具有特殊意义,它是科任教师对学生施加教育影响的手段。一方面,良好的师生关系是有效的激励手段。如在思想教育过程中,双方关系好,彼此信赖,学生就容易接受意见,改正错误,教育的效果就好。在课堂教学中也是这样,如果课堂上有良好的心理气氛,师生都会情绪高涨、注意力集中,教学效果也好。另一方面,这种关系是"传道、授业、解惑"的渠道。特别是在教学活动中,这种关系是极其重要的手段,不论是知识的传授,思想的灌输,还是开发智力和培养能力,其作用是不可忽视的,它直接影响教学活动和教育质量,因此,必须予以足够的重视。

师生关系的协调,不仅关系着个别学生的发展,更关系到整个班级的发展。和谐的师生关系有利于每个学生的发展进步,有利于科任老师课堂的开展。良好的师生关系对于学生和科任老师是双赢,而班主任在协调科任教师与学生之间关系的同时,也是协调了教师之间的关系,使教师的整体教育功能得到充分的发挥，形成教育的合力，为教育教学工作取得满意的效果奠定了基础。有了和谐的师生关系，在班主任与科任老师的共同配合下，班级建设会更加顺利。

（二）学生和科任教师关系不协调之分析

1. 学生和科任教师关系不协调的表现

学生和科任教师关系不协调表现在以下两个方面：一方面是学生不尊重科任教师。在学校工作中，班主任老师与学生接触的时间比较多，自身的影响作用又比较大，因此，在学生心目中，班主任老师的地位比起科任教师来说显得特别重要，无论是双方之间的关系还是所教的学科，都要强于科任教师，甚至班主任老师和科任教师同说一样话，学生也会做出不同的反应。长此下去，学生中往往会出现只重视班主任老师所教的学科，只听班主任的话，而对科任教师的教育教学却敷衍了事、得过且过的现象。另一方面是科任教师对学生缺乏关心和爱护。由于科任教师和班主任教师所承担的任务在一定程度上的不同，因此，在科任教师身上往往表现出一种各干各自的思想倾向。认为管理教育学生只是班主任的事，而自己本身就是上完课了事，至于学生的思想、学习和生活等方面很少去关心。在课堂教学中，有的时候还会出现自己的课上不下去与学生闹成僵局，然后交给班主任去处理的现象。

学生和科任教师关系的不协调，在师、生两方面的表现还有许多，它不但影响了正常的教学秩序，而且还会使班主任和科任教师之间产生隔阂。因此，必须分析原因、采取措施，促使关系的正常化。

2. 学生和科任教师产生关系不协调的原因

任何一种人际关系都是情感、认识和行为三种成分的不同组合，学生与科任教师的关系也不例外。学生不尊敬科任教师，双方关系不协调，首先，是双方情感的不融洽。双方在交流过程中没有引起好感，没有真正获

得良好的情绪体验。因此造成相互关系的不协调。其次，是由于直接交往过少而引起的相互间得不到感知、理解、判断和评价。直接交往的频率对促进相互关系起着重要作用，直接交往的次数越多，就越能增进相互间的认识和了解，从而发生情感交流。而认识既能唤起情感的发生，又能控制和改变情感的发展。例如当科任教师认识到与学生处理好关系的重要性时，就会自觉地克制有损于这种关系的感情冲动，使相互关系得到改善。

（三）班主任如何协调学生和科任教师之间的关系

1. 向学生正面宣传科任教师，树立科任教师的威信

"知之甚爱之切"，认识是情感产生的基础。师生之间，会因为不了解而误解；也会因为视觉角度不同而导致认识偏颇。因此，班主任应多向学生正面宣传科任教师，要抓住点滴机会，宣传科任教师的长处、优点和劳动成果，树立科任老师的威信。

【案例】

丁老师在接一个新班的班主任工作后，在了解班内的情况时，发现这个班的一部分学生不尊敬科任教师，上课随便乱讲乱闹，不完成作业，还时常顶撞老师，学生和科任教师的关系很紧张，影响了正常的教学秩序。一些科任教师对此十分恼火。

针对这种情况，该怎样进行教育、怎样协调学生和科任教师的关系呢？为了在班内形成良好的尊师风气，使学生和科任教师之间形成一种良好的融洽关系，丁老师进一步分析了班级学生的思想状况，决定开展一次以"老师的一天"为题的调查活动。通过他们亲自了解老师一天工作的情况，使他们知道老师工作的辛苦，懂得珍惜教师的辛勤劳动。

于是，丁老师把班干部召集在一起，谈了自己的想法，然后把同学们分成若干个调查小组，要求他们分别调查科任教师工作情况。经过一周时间的调查，同学们发现，有的老师为上好一节课经常备课到深夜；有的老师积劳成

疾、身体多病，腰揣诊断书给同学们上课；有的老师小孩有病，为了辅导同学们，耽误了给孩子看病……

通过调查了解，一件件、一桩桩生动的事迹浮现在他们眼前，他们深有感触地说："老师为了把我们培养成才不知付出了多少心血，过去我们不尊敬老师，上课不注意听讲，故意顶撞老师，真是太不懂事了。"

在此基础上，丁老师又要求学生把分别调查的情况和自己的感受整理成文章，然后召开一次主题班会。

开主题班会那天，请所有的科任教师参加。教室里面貌一新，黑板上写着"老师，您辛苦了"几个彩色大字。学生分别把科任教师请来参加班会。班会由班长主持，同学们纷纷发言，谈自己调查的情况和感受，一致表示，要告别过去，向着未来，做一名让老师放心的好学生。同学们的生动发言，深深打动着科任教师的心。整个班会自始至终沉浸在热烈的气氛之中。

通过这次活动，师生之间加深了了解。双方情感发生了明显的变化，课堂纪律、学习成绩有了明显的好转，尊敬老师，主动协助科任老师做事的风气在班级逐步形成了。

这个实例说明，学生不尊敬科任教师的现象是时有发生的，对这种现象有多种教育方法。这位班主任开展了调查访问的活动，召开了主题班会，使学生受到了生动实际的教育。这个事例表明，班主任教育学生尊敬科任教师，不能光靠口头说教，要通过各种实践活动使学生获得情绪体验，以深化他们的认识，并成为其转化行为的内在动力。

教学工作的主要场所是课堂，为了使教育教学工作顺利地进行，建立良好的课堂秩序尤为重要。但在实践中，有时会发生学生"闹堂"现象，影响科任教师正常的教学活动。出现这种现象的原因是多方面的，而科任教师本身的威信不高是一个重要原因。科任教师要有较高的威信，主要取决于自身的因素。但是，班主任要有意识地维护并协助科任教师树

立威信也是不容忽视的。例如在开学初，班主任应向学生介绍新的科任教师的姓名、简历、教学水平、教学效果、特长爱好等，介绍内容可因人而异，对年纪大的老师要从经验上加以侧重，中年教师年富力强，因此要从精力上侧重介绍，而年轻教师要侧重强调他们的热情、知识更新快，总之要使学生对新的科任教师有良好的第一印象，从而增强学好各个科目的信心。另外，作为班主任，切忌在学生中间或与学生的谈话中抬高自己而贬低科任教师，尤其是当学生提出科任教师在教学中的不足或存在一些问题时，更要在维护科任教师应有地位的前提下，正确引导学生一分为二地评价科任教师，同时还应该积极主动宣传科任教师的长处、优点和劳动成果，使学生从心灵深处产生对他们的敬佩之情。同时，也要通过合适的方式帮助科任老师改正不足，以树立其在学生中的良好形象。否则不仅达不到预期的教育效果，反而会影响科任老师的工作情绪。

【案例】

刚开学，英语老师就向班主任张老师反映：班级的英语课纪律不是很好，有个别男同学老是与她对着干，上课喜欢捣乱，希望张老师帮她想想办法，管一管学生。张老师想，单一地对学生进行批评教育恐怕不会生效，反倒有可能增强师生间的冲突。于是他想到，首先应该让学生多了解英语老师，只有了解了她，这样上她的课也自然会用心听讲了。于是张老师利用班会课和午休时间对学生进行思想教育：教英语的向老师是一个非常有经验的老师，而且在08年的中考中英语成绩非常的好，最近还被评为市级优秀教师。学生知道这些情况后，都打心底里佩服英语老师，无形中，英语老师在学生心目中的地位提高了。以后上她的课自然也就听话多了。据英语老师后来反映，英语课学生上课纪律有了好转，而且比较活跃，现在她很喜欢上这个班的英语课了。

另外在总结班集体工作时，班主任要避免只谈自己如何教育学生，取得多少成绩，不谈或很少谈科任教师功劳的不良倾向。要实事求是，公平客观地宣传赞扬科任教师的贡献；在家长会上或去家访时，班主任要向家长多介绍科任教师对学生的关心以及所做的无私奉献。对科任教师的不足，要提示学生找老师单独交换意见，也可向班主任或学校领导反映，而不应在公开场合评论，或指责科任教师。班主任更不能在学生面前指名道姓地说科任教师的不是。如果这样做，既有损科任教师，也有损自己的威信。班主任如果发现科任教师的不足，要本着团结互助，共同搞好教育教学工作的目的，向科任教师及时指出，使科任教师自觉地调整自己的言行。在班主任注意了以上几方面工作的基础上，再通过科任教师自身的努力，威信就能逐渐地树立起来。

2. 积极邀请科任教师参与班级建设

在教育教学活动的过程中，教师的协调一致是十分重要的。有的教师对学生要求严格，有的教师对学生要求相对较低，较差的学生对要求较严的科任教师常会产生反感，而较好的学生则对要求较低的教师也会产生不满。班主任要经常和所有科任教师取得联系，对学生的要求宽严适度，尽量一致，保持平衡。尤其是班主任遇到棘手的问题时，如碰到屡教不改的学生，教育过程中形成僵局而难以奏效，可请科任教师出面斡旋，这会收到意想不到的好效果。班级的教学人员组成后，作为班主任，在拟定班级工作计划、班规，选拔班干部与科代表、优秀生培养、后进生转化等工作中，要让科任老师参与进来，多点尊重、参考、采纳科任老师提出的宝贵意见和建议，并迅速实施，如让科任老师自己选择本学科的科代表，分派后进生转化任务，让他们协助班主任培养班级拔尖人才等。在班级开展的各项活动中，班主任可邀请科任教师参加或主持。如单元测验后要找每个学生谈一次话，帮助他们分析取得的成绩和存在的不足，提出努力的方向和改进的措施，可请每个科任教师负责几名学生。这样，既可避免班主任在班级工作中唱独角戏，又可弥补班主任精力不

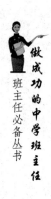

足的缺陷。通过这些活动还能使科任老师和学生之间加深了解、增进友谊，焕发起学生对科任教师的尊敬之情。

3. 恰当反映、慎重转达学生对科任老师的意见

人无完人，金无足赤。每位科任老师的教学工作有长自然也有短。这一点，学生的感觉是灵敏，他们会及时而又毫无保留地反映到班主任老师处。作为一个教学班核心的班主任老师，如果不及时转达学生的意见，不仅存在的问题得不到迅速解决，也不利于科任教师改进教学方法提高教学水平。但如果转达时的场合不恰当，言语不委婉，不仅达不到预期的目的，还会影响科任老师的工作情绪，影响师生关系。因此，班主任老师要注意选择时机，采用适当的方式、方法，向科任教师转达学生们的意见和建议。

4. 主动协助科任教师处理课堂中的问题，妥善处理科任教师和学生之间的纠纷

作为班主任，切忌把科任教师在教学中遇到或发生的问题简单而又片面地归于那是他们自己的事，应由他们自己去解决，不要有那种"事不关己，高高挂起"的念头或袖手旁观，或有意回避。及时妥善地处理科任教师与学生之间的各种矛盾，根除师生之间的对立情绪，有利于建立和谐的师生关系。要知道，协助科任教师解决教学中出现和遇到的困难与解决班务工作中存在的问题有着密切的关系。如经常向科任教师了解其学科作业完成和批改情况，以便及时掌握学生的学习情况，防止学生出现偏科等现象。

在科任教师课上，个别学生会与老师发生一些摩擦，班主任对此类问题要冷静，要耐心听取科任教师的陈述和意见，要设身处地地理解科任教师，协助科任教师教育学生。同时，班主任要细致了解情况，并根据事实做出客观公正的处理。要达到使科任老师满意，当事学生心悦诚

服,全班同学信服,并能引以为戒。不能听了科任教师汇报后,就不分青红皂白地找当事的学生或在班上公开训斥,要做到公平,客观。

【案例】

罗老师正在办公室批改试卷,班长走进来报告说:"老师,政治老师让我把小琳送来,说以后不让她上政治课了。"又是小琳!一个小女孩,天天不是与张三吵嘴就是与李四闹别扭,要么就是违反校规校纪……刚开学一个多月,罗老师找她谈话就有近十次了。罗老师一边让班长说明事情经过,一边用眼角的余光观察着小琳。她高昂着头,脸朝向窗外,不知是不屑,还是不愿看老师,行为反映出她在心理一定随时准备着迎接一场"暴风雨"。罗老师提醒自己要冷静,处于青春期的孩子本来就有很强的逆反心理,何况小琳本来就个性十足。罗老师指着旁边的椅子对她所:"坐下吧。既然政治老师不让你上课,那以后上政治课时你就来办公室给我当个小助手,帮我摆摆作业、登登成绩,好吧?"她摇摇头。"那班长今天说的事属实吗?有没有添油加醋?"她又摇了摇头。"你很诚实,可今天这件事你应该反思一下哪些地方做得不好。"说完罗老师继续批改试卷。

过了几分钟,小琳开口了:"老师,我想回教室上课。"她理直气壮,没有丝毫的悔意。

"政治老师允许你回去吗?""她没有权利拒绝我听课!"

"可这个课堂不单单是为你而设的,这也是政治老师和同学们的课堂。作为老师,她有权利、更有义务维持正常的课堂教学秩序。"

小琳沉默了。见她低下了头,罗老师说:"要不你来做一次政治老师吧,你尝试着教育一下小伟。"(小伟是一个经常不写作业的孩子)说着,罗老师列出了下列表格:

如果你是政治老师,当小伟不做笔记时,你会怎么办?

处理方式	原因	效果	后果
A.视若不见			
B.循循善诱			
C.严厉斥责			
E.其他更好的方法			

小琳看了约有十分钟，最后，把表格放在罗老师面前，小声地说："老师，我没法教育。"

"那你说说为什么吧！"

"选视若不见，那是对他不负责任，以后他也不会自觉地去写，甚至可能其他同学也会跟着他学；选循循善诱，政治老师在课堂上也多次对他讲道理，可收效甚微；选立即交给班主任，会引起他更大的不满，而且同学们也会背地里说老师太无能；选严厉斥责，以前老师也用过，可是效果不大……"

没想到，小琳分析得头头是道。"那么，政治老师对你采用过循循善诱这种方法吗？""采用过，至少四五次吧。""你一直没改正，所以老师只好采用其他办法了。现在，你理解政治老师的苦衷了吧？"她点点头，说："我知道老师也是为了我好，可我当时特别冲动，所以就口不择言。""政治学科实行的是开卷考试，对知识的梳理、归类特别重要，所以必须要养成整理笔记的习惯，老师是为了你能取得好成绩才对你严格要求的。"

见她有了悔意，罗老师随即让她当起"小参谋"，请她列举看到的班级问题，以及这些问题是怎么发生和发展的，什么样的课堂才是理想的，什么样的班级才是理想的，什么样的学生才是好学生……接着罗老师又从她的穿着、打扮、表现对她做性格判断，肯定优点的同时，指出不足之处；从她复杂的生活圈子，分析她的得与失；从今天课堂上的表现，分析她当时的心态，探讨是不是可以换一种态度对待老师……通过这次教育，小琳开始努力，课堂上不再交头接耳，作业也认真起来。

四、辩证对待非正式群体，融洽班级人际关系

在学校班级中，经常能够发现"三人一圈"、"五人一伙"的现象。他们课间聚一起、放学一起走、游戏一起玩、生日一起过……这种不是校方规定，自发形成的联合体，就是所谓的"小团体"，或"非正式群体"。这种小群体同班集体（正式群体）共同决定着学生相互间的社会心理气氛，以及班级目标的实现。因此，班主任必须正视非正式群体存在这一客观事实，并深入研究这一现象的客观规律性，使班级内各种非正式群体与班集体的发展协调一致。

（一）班级非正式群体形成的原因

小团体的形成原因是多方面的，其中最主要的原因是学生独立意识的不断增强和社会交往所导致的，是学生主动要求找回自己生存空间的有益尝试，同时也是学生发展自己特长、张扬自己个性的需要，是学生主体性增强的具体表现。据有关资料介绍，目前在班级中参加非正式群体的学生已达80%以上。在这些非正式群体中，有的是因为共同的兴趣（如学习、体育、娱乐、文学等）而结成一个小团体，有的是因为相同的地缘关系（如邻居、同乡）而形成一个小圈子，也有的是因为感情因素（如老同学或投缘）而聚在一起等等。学生加入非正式群体，一般有如下需要：

（1）满足友谊

人皆有友情的需要，寻求友谊，建立社会关系乃是人的通性，学生在生活和交往中，发现谁可以交往，谁不可以交往，最后就形成了非正式群体。

（2）追求认同

在非正式群体中，学生可以发挥自己特长，取得一定地位，得到承认，使学生产生归属感。

（3）取得保护

个人的力量是有限的，学生有时想借着群体的力量来保护自己，维护自己的利益，这种心理也是促成小团体产生的重要因素，不过这种动机是消极的、被动的、防卫的。

（4）谋求发展

通过某一类群体，扩大自己的影响力，从而成功达成自己的某些目标，这种动机是积极的，进取的。

（二）班级中非正式群体的特点

尽管学生中的非正式群体多种多样，但都有其共同的特点：

（1）非正式群体内有较强的凝聚力

情感是维系非正式群体成员的纽带，互相依赖、互相支持。群体的自卫性、排他性等"抱团"现象，就是非正式群体凝聚力强的体现。

（2）非正式群体内团体压力较大

非正式群体都有自己的群体规范。这种规范是不成文的、无形的，但其约束力很大，成员间的从众行为较为明显。

（3）非正式群体具有核心人物

非正式群体内有自然形成的领导人物，且威信高，对其他成员拥有精神上的影响力或支配力。

（4）非正式群体的作用具有两重性

当非正式群体与班集体的发展目标相一致时，它会起积极作用，成为班集体的辅助力量；当非正式群体与班集体发展目标不一致时，就会产生消极作用，使整个班集体出现不团结不和谐的心理气氛。

（5）非正式群体信息沟通畅通

非正式群体信息沟通渠道畅通,信息传递迅速,成员对信息的反应往往具有较大的相似性。

（三）对非正式群体学生的引导与转化

非正式群体是相对正式群体而言的。他们没有明确的组织结构关系;没有固定的目标、计划、职责及任务。这种群体的成员间带有明显的情绪色彩,完全是以个人间的好感、喜爱为基础。群体成员也有比较固定的相互关系结构及协调性较强的行为规范,会自然产生"领导人"。他们以其特有的精神导向和感情的一致性制约着该群体成员的行为,并对正式组织的行为和发展具有不容置疑的影响力。对非正式学生群体的管理是不容轻视的任务。如果管理得当,可以为正式组织和个人的发展、优化提供强有力的支持,具有积极作用;如果忽视非正式群体的存在,对其放任自流,任其发展,结果往往会导致消极的小团体的产生,使得班级的组织纪律松散无序,班集体的凝聚力受到冲击。因此,对待非正式群体的现实情况,班主任应在满足学生合群需要的同时,切实做好引导和疏导工作。

1. 针对非正式群体的性质,因势利导

非正式群体成员间互相切磋、学习,可以增长知识、交流感情、增进友谊,尤其是在困难时,相互帮助,起到了互补作用。从这一角度上说,那些积极向上的非正式群体应该以鼓励为主,促使其不断进步。但是,学生毕竟社会阅历浅,人际经验缺乏,要想把握好交往的尺度,确非易事。一旦选择错误,把握失度,就会产生消极影响。

首先,对消极倾向的非正式群体的引导。那些被轻视、被遗忘、被厌恶的弱势群体,他们在班里难以有知心朋友,不少人也向往集体生活,想与其他同学交往,但常受到冷遇。他们希望在班级里取得较高的地位,有

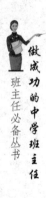
的试图用各种手段吸引同学的注意,有的则因不满自己的处境而结伴逃学,有的甚至去街头伙伴中寻找同情,有的则时常表现出无理取闹、借故起哄、逃避集体活动等反社会倾向,被社会、学校、家庭称之为"难以管教"的学生。这一类的学生如果由于不走正道而形成群体,极易产生很大的负面影响。班主任应采取措施,避免让他们的交往过密,使之处于松散状态为宜,即使出现问题也便于各个击破。同时,要设法把他们吸引到丰富多彩的活动中,产生积极向上的精神需要。要知道,这些有反集体倾向的学生虽然是少数,但其影响极大,因此应与家庭、社会配合,关注其交往群体,并敦促他们远离不良群体。此外,对于那些家庭造成不幸的学生,应帮助他们走出那个相对封闭的圈子,分散自己过多沉湎于痛苦中的精力,多与班级里的其他同学交往与接触,把家庭的不幸,用勤奋的学习和对远大的理想的追求来替代,走出阴影,走向阳光。

其次,对"受欢迎"型的非正式群体的引导。班级里享受高度信任和威望的优势群体,由于他们各方面的优越,成为"明星"、"宠儿"、"受欢迎的人"是很正常的。这些学生虽然有着别人难以企及的闪光点,但是如果不加以指导,往往会成为利己主义者,尽管他们有时看来十分积极地参加社会活动,但很大程度上是个人利益驱使。他们爱发号施令,经不住批评,过分关心与维护自己的核心地位,这些宠儿若不正确引导,同样有可能成为"难教儿童"。因而,对于这一类的学生群体,应指导他们多以集体利益为重,在学会关心他人、尊重他人、帮助他人的过程中提高自己,同时,清醒地认识到自己的弱点,而不能总拿自己的优点与他人的不足相比而沾沾自喜,启迪他们跳出圈子看世界,学会放眼于外,学会登高远望,懂得山外青山楼外楼,不做井底之蛙,不能故步自封。

现代教育理念告诉我们:教师不仅要当经师,更要当人师。教师指导学生如何与人交往,当好人生导航员,在学生的成长中尤为重要。班主任教师应根据学生交往的需要、能力的差异性，指导他们正确认识周围的人，懂得如何避免和解决冲突，积累交往的经验。当然，最关键的还是教师用爱心去努力营造一个互相信任的情境，尽最大可能让学生在信任中获得沟通，在成功中恢复自信，在考验中明辨是非，在冲突中锻炼意志，在道德选择中走向成熟。

2. 创设机会，加强群体交流与合作

一个凝聚力很强的班级，并非简单的群体之和，而是一种整体大于局部的整合。在这方面，我们应注意不能因自己的先入为主思想，刻意把学生公开划分为三六九等而导致人为的隔阂。各种非正式群体形成后，学生之间的交流相对局限于自己的那几个人形成的圈子内，与他人、其他群体之间交际相对少。特别是那些具有消极倾向的小团体，他们以自我为中心，利己主义严重，只顾群体成员的利益而妨碍班集体的利益，这种群体则应想方设法进行疏散。因为他们之间也许是因为一时冲动而走到一起，长此下去，必然会削弱整体——班集体的力量。因此，就内部而言，应注重利用非正式群体的内部效应，为更多的学生参与到班级课堂中来创造机会；利用群体的内部帮助，纠正老师无法一一纠正的错误；利用群体的内部竞争，让更多的学生有自我表现的机会。就群体外部而言，应引导学生多进行群体之间的交流与合作，以培养学生参与意识、尊重意识、学习意识、合作意识、表现意识，提高其表达、理解、评价、综合、协调等方面能力。通过这样的交流与合作，把群体的积极的共同的认识，转化为全班的共同认识；通过群体互助，纠正群体的局部性错误；通过群体竞争，促进群体共同进步。而不是把班级瓜分为几个孤立的部落，彼此之间互不往来，各自为政，造成班级的硬伤。

在平常的班级管理中，要创设机会，通过多种途径促进学生群体之间参与正常的交流与合作。比如安排优势群体中的学生与弱势群体中的

学生,按自由选择与组合结成帮扶对子,其效果会优于老师的硬性分组。在集体活动中,有意识地从不同群体中挑选具有代表性的学生参与其中,尤其是要让被人冷落、遭人排斥的学生体会到集体的温暖、同学的真情,而不致自暴自弃。即使是"志趣相投"与"共同进步"型群体,也应加强交流与合作,既让更多的同学在共同进步的基础上有一技之长,又能促进积极向上的非正式群体不断壮大。还可以在他们之间引入竞争机制,促使他们在竞争中前进。对优势群体取得的成绩,表扬奖励应恰如其分,掌握分寸,以免夜郎自大,故步自封。对于弱势群体,千万不要总拿他们去与那些"明星"相比,而迫使他们离班集体愈来愈远,更不能号召其他同学"不要与某人交友"、"避开某同学"、"不要总与某些同学在一起"等等。因为他们或许才是最需要集体的温暖、老师的关心、同学的帮助的群体,如果再在他们的受伤处插一把刀或再撒上一把盐,只会把他们从"偏集体"推向"反集体"的深渊,后果不堪设想。有经验的老师,为了使同学之间互相帮助,总是开展一些活动,让同学们合作与交流。如"我的爱好"、"我的性格"、"理解万岁"、"世界需要热心肠"等主题班会、竞赛活动,通过丰富多彩的班级活动来形成班级合力,避免产生消极狭隘的"群体意识"。

3. 充分调动成员的积极性,转化核心人物

非正式群体的成员,一般有其公认的代表,在某一群体中有着领袖的地位或核心作用。该生在非正式群体中的威望与他在正式群体中的地位有时会不一致,也就是说,这些"领袖"在班级里不一定是班长、团支部书记,也许连小组长都不是,但他们在非正式群体中的影响,可能会胜过父母的赞许、老师的评价、同学的认可。因而,有效地利用非正式群体中核心成员的作用,必然会收到以点带面,牵一发而动全身的效应。班主任不妨经常与这些同学接触交谈,通过他们把握该群体的思想动态,听

取他们的呼声。实践中你往往会发现，利用他们去做好其他成员的工作，有时比老师直接做某个同学的工作效果更佳。因此，也可有意识地安排这些同学到班级的管理层中来，不失为一种有效联络，促进交往的策略。因为，他们至少在某一方面有一些突出的才能，会有较强的说服力。如果他们在正式群体中是一个"干部"，两种群体间就会和谐合作，并充分发挥功能。倘若把他们排斥于班集体的各级领导层外，稍不留神便会造成两种群体领袖间的对立。还可以根据实际情况，把一些工作安排交由这些非正式群体学生去完成，如出板报、编辑小报、研究性学习、各类比赛等，发挥他们的群体优势。当然，还要注意打消这些核心成员的"棒打出头鸟"的思想顾虑，班主任要在精神上给予支持、鼓励，以便通过他们，带领一大批的同学融入到班集体中来，朝着整个班级的目标共同前进。

教育社会学认为，班级中非正式群体是客观存在的，正确对待并实施有效的教育是建设良好班集体的重要环节。一旦非正式群体的目标、价值规范等逐步与班集体统合起来，集体的每个成员就都能够在班级、小组中找到有社会价值的、自己感到满意的位置，每个人会逐渐成为同龄伙伴所喜欢和重视的人，每个人就会感到自己在班内是不可替代的一员。在教育教学中，班主任要一方面抓好正式群体的教育，也要从另一方面重视对非正式群体的教育，这样，才会促进团结进取、奋发向上的班集体形成。

第八章 讲究艺术，成功做好班主任工作

班主任工作艺术，是班主任教育、管理工作方法的发挥和创造的最佳状态，是实施教育工作所采取的策略和技巧。在教育对象和教育内容相同的情况下，讲究工作艺术，注意工作方法，就能收到事半功倍的效果。否则，即使出于良好的动机，也可能常常会出现事与愿违的结局。

一、讲究谈话艺术，实现有效沟通

班主任对班级进行的教育和管理固然可以采用讲规范、定制度、开班会、做讨论等形式。但这些毕竟是解决带有普遍性的思想问题和认识问题的方式和方法。而班主任细致的思想教育工作，经常的、大量的还是同各种类型的学生进行个别谈话，通过一对一、面对面的谈话，解决各种各样的具体问题。然而，在实践中，我们会看到，有的班主任通过和学生谈话，既了解了情况、交流了思想、解开了疑团、又密切了感情，交上了朋友。相反，有的班主任和学生谈话，常常起不到交流思想，提高认识，解决问题的目的，甚至会形成对立和冲突。造成这种差异的原因就是谈话的艺术性问题。那么，班主任在与学生谈话的过程中，如何运用语言艺术,与学生沟通情感,捕捉最佳的教育时机,达到理想的教育学生的目的呢? 这就需要班主任在和学生面谈时,要注重谈话的艺术和技巧。

(一)谈话前要做好准备,有目标地谈话

班主任找学生谈话不要随心所欲,信口开河,要在谈话前做好充分的准备,做到"胸中有数"。这个"数",是指对情况的了解。了解是谈话的前提,只有通过谈话前的了解,才能抓住学生的心理症结,有的放矢地接触学生的思想,打开学生的心扉。可以说,任何成功的谈话总是以对情况的了如指掌为基础,以心理接触为前提的。

为此,班主任在与学生个别谈话前,首先要认真做好调研工作,要对谈话对象的思想、心理、问题的原因以及社会、家庭、学习生活环境等,尽量做到全面了解,做好综合分析。然后,根据"一把钥匙开一把锁"的原理,制订谈话方案,选择最佳的谈话方式和方法。

其次,班主任找学生谈话,要有明确的谈话主题,即要明确谈什么问题,达到什么目的。一般来说,找学生谈话通常有下列目的: 第一,掌握情况,便于下一步开展工作; 第二,解决问题,化解矛盾,排忧解难; 第三,鼓励进步,激发向上; 第四,布置工作,明确责任,指导方法; 第五,沟通感情,融洽师生关系。但谈话不能企图同时解决许多问题,谈话的目标要尽量集中,内容要围绕主题进行,时间不可拉得太长,否则容易引起学生厌倦。

(二)谈话过程中要平等尊重,真诚地谈话

社会主义新型师生关系是平等的。但在现实生活中,无论是人群之间、师生之间,都存在着不平等的心理和行为。有的班主任在学生面前,常常只注意威严的一面,而忽略了平等待人的一面,而学生更有畏惧班主任的心理倾向。于是,在特殊的情境下容易出现不平等的现象,这种不平等的状况不仅影响谈话的效果,而且疏远了师生关系,仿佛形成了一堵

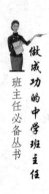

"隔心墙"。

因此,班主任与学生谈话时要注意营造一种平等宽松的气氛,以缩短师生间的心理距离,在一种彼此尊重的前提下,使学生乐于倾诉自己的心里话。为此班主任要注意谈话时的态度和技巧。

1. 谈话时要相对而坐,促膝谈心

在与学生谈话时,班主任的姿势反映了班主任对学生的态度,也影响着学生在谈话中的情绪。实践证明,在两个人的接触中,如果相互正视,则意味着彼此有做深谈的兴趣。因此,不管和什么样的学生谈话,不管原因如何,都应以平常心去对待。

在实践中,我们也会看到,有些班主任在与学生谈话时,要么歪靠椅子,边批改作业边谈话,要么边看书、边写字,边听学生谈话。教师的这些行为往往会挫伤学生的自尊心,觉得老师看不起自己、老师不重视自己,因而易产生心理封锁,不愿意继续谈下去。同时,学生也容易产生抑郁、焦虑、甚至愤恨的情绪。因此,教师在与学生谈话时要举止得体、彬彬有礼、落落大方、姿势正确、动作协调、质朴开朗;要与学生面对面而坐,要眼睛注视着对方并认真倾听学生的谈话,始终表现出对学生谈话很感兴趣。这样一来,会使学生觉得老师平易近人,谈话才能取得满意的效果。尤其是和后进生谈话,更要注意自己的态度,不要让他们感到害怕,而要让他们感到老师是朋友,是可以信赖的人。如此,才愿意说出自己心里的秘密。这样才有利于打开沟通的心扉,有效地解决问题,有利于学生的身心健康发展。

2. 谈话时态度要亲切,轻松愉快地交谈

与学生谈话,不可忽视情感的作用,因为情感是教育信息通向学生内心世界的"桥梁"。要架设这座"桥梁",关键在于思想教育要寓理于情,以自己积极的情感体验影响学生。因此,谈话过程中,班主任老师要注意自己的语气、语调，要努力创设愉快、宽松的谈话氛围，这样才能引起肯定性的情绪反应，使学生愉快地、心悦诚服地接受老师的教育。

此外，班主任还应注意自己的非言语动作，如眼神、手势等。可以说，班主任的神态，哪怕是短暂的一怒一笑，也将会影响学生谈话中的情绪。在实际中我们常常看到，那些称职的班主任，受学生喜爱的班主任，在接待学生的时候，总是抱以热情、坦诚、专注的神态。在这种气氛中，学生也就毫无顾虑地与之交谈，愿意说出自己的心里话。可见，班主任的"感情投资"，换来的是学生对班主任的信任和尊敬。同样也有这样的情况，有的班主任在与学生谈话时，表现出心不在焉、漫不经心的神态。学生看了很不舒服，面子上受到冷漠，自尊心受到挫伤，甚至产生厌烦、对立的情绪，当然也就没有心思将谈话继续下去。由此看出，班主任的情绪在一定程度上就是学生的情绪，班主任的态度就是学生的态度。如果班主任面带笑容，充满希望，学生脸上就露出阳光，满怀信心。反之，如果班主任满面愁容，心情忧郁，学生也就感到压抑。因此，班主任在与学生谈话时，切不可怒气冲冲，盛气凌人，要使学生通过你的表情，感到一种兄长和诤友之间的平等气氛，促使他自愿向你敞开心扉，接受你的正确开导。

【案例】

学生小刘，经常不完成作业，跟他家长沟通很多次了，跟他本人也谈了许多次，但他就是不改，每天刚进教室，组长都报告说他作业又没有完成，这令班主任黄老师很恼火，也很烦恼。多次找他谈心，并家访多次，可是他还是那样。黄老师真不知道该用什么办法来挽救他了。后来黄老师无意从学生谈话中，知道他之所以怕老师，不听老师的教导，与老师作对，是因为老师太严肃！太强硬！黄老师失眠了，他在想：难道老师就不能友善点，就不能平等地对待学生吗？我们不要把他当作学生看，当朋友看不行吗？于是黄老师决定换一种

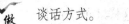

谈话方式。

　　一天，小刘作业又没有写，黄老师把他留下来并叫到办公室，他进来时是低着头的。其实当时办公室里就只有黄老师一个人，黄老师知道学生对老师一直有种莫名其妙的敬畏感，所以就选择放学以后没有其他老师在的情况下，这样可以减轻他心理的负担。但是小刘不敢看老师，也不敢坐下来。黄老师拉过一把椅子，让他坐下，告诉他，今天老师只和他聊天，不说其他，他半信半疑地看着黄老师。黄老师朝他笑了笑，并点了点头。他们的谈话从他父母有几兄弟，平时喜欢干什么啊，过年过节弄什么好吃的呀，一直聊到他喜欢吃什么，做什么为止，只字不提他的作业，谈话就在轻松愉快的时间结束了，看小刘滔滔不绝的样子，黄老师心中感慨万千，心想：这孩子还有救！果然，第二天早上来学校，小刘一见到黄老师，就跑过来非常高兴地说："老师，昨天的作业我完成了！"黄老师朝他欣慰地笑了，并告诉他，放学后老师还跟他聊天。他高兴得跳了起来！同样的地点、同样的方式，只是内容多了点学习方面的。小刘说："老师，其实你很随和，我很喜欢和你聊天，也愿意听你的话，以后我一定听你的话，知道吗，昨天我爸爸、妈妈看见我在认真地写作业，就表扬我，说太阳从西边升起来了。"黄老师摸着他的头笑着说："其实你很聪明，也很善良，只是前段时间你迷失了方向，现在老师帮你找到方向了，你就沿着这条路走下去，不会错的，老师相信你是最棒的！"说完彼此还互相钩钩手。从那以后，小刘再也没有不写作业的现象了，成绩也在不断地提高。

　　班主任老师的一次随和的交谈，居然能改变一个学生的学习态度。其根本原因是因为在如此轻松的谈话中，学生却深深体验到了老师的真挚的爱、信任和期望。教师缺少了爱，就好比花园失去了阳光和雨露。由此可见，和学生谈话是一门艺术，谈话中教师的和蔼可亲的笑容是这门艺术中不可缺少的添加剂。对于那些经常迟到、旷课、不认真听课、作业不能完成、打架、闹事的后进学生所犯的错误，要及时纠正，但千万不能板起面孔，更不能当众讽刺、挖苦，揭他们的底儿。在谈话的过程中，始终让他们感到老师就是他们的朋友，是关心、爱护自己的，让他们体会到老师的真诚的爱和信任。

可见，以平等的朋友的身份与学生谈话，学生就会解除对教师的戒备心理，与教师建立"不设防"的和谐关系，教师的教育意图就会被学生心情舒畅地领会和接受！

3. 不可强迫学生说话

班主任与学生之间的谈话，是双方感情和思想的交流，学生如何表达自己的意愿，取决他对问题的认识程度和对班主任的信任程度，而不能强迫学生去说他不想说的话。学生的真心实意，只有在条件适当时；在遇到知心、知己、知音的时候才能倾诉出来。当学生不愿吐露真情实话时，切不可急躁发火，也不可逼着他开口，因为即使逼出来的话也往往不真实。

4. 要善于倾听

在班主任和学生的谈话中，对待学生的发言常有这样一些不良表现：一是"听而不闻"，对学生的发言漠然处之；二是"表面应对"，只做简单的应答，"好……是的……啊……我知道了……"等等，事后根本不进行调查或采取措施；三是"粗暴干涉"，学生话未讲完，就轻易做出判断或处理，这样往往会造成误会和冲突。加拿大著名教育家马克思·范梅南这样说："一个真正的发言者必须是一个真正的倾听者，能听懂我们日常听觉范围以外的深层含义，能倾听世间各物对我们说的话。无论是谁，如果想了解教师、母亲、父亲或者孩子的世界，就应该倾听他们生存世界中各种事物的话语，懂得这个世界各种事物的含义。"作为师生关系的核心者，班主任必须做一个真正的倾听者，倾听学生话语中的深层含义，方能走进他们的世界。因此，班主任找学生谈话时，要真诚、耐心地倾听对方的诉说，让对方把心中的体验、感

受、困惑、疙瘩、怒气、忧愁尽情地倾述出来。这样才能倾听出学生独到的见解，倾听出学生丰富的情感；倾听出学生的困惑或者疑虑，倾听出深刻的或者肤浅的思想；倾听出学生的欲望需求，倾听出学生的差异区别。只有倾听，师生交往中才能留一些思考的时间，留一些发展的空间，留一些"空白"，才能让学生充分表达自己的意见，走出自己的小圈子，唯如此，学生的认识才会进入更加广阔的领域。

（三）要选择恰当的时机，高效地谈话

打铁看火候，谈话找时机。时机就是时宜，就是机会。时机的选择与谈话效果紧密相连，如同干渴时得到清凉饮料，饥饿时得到牛奶、面包一样，由于恰到好处，才能使谈话对象的心理需要得到满足，才能收到期待的谈话效果。所以说，善于捕捉谈话时机，把握谈话火候，谈话效果将事半功倍。然而，选取谈话时机也是一门艺术，既不是越快越好，也不是越迟越妙。有时，需要及时，所谓机不可失，失不再来；有时需要等待，使矛盾搁置一下，再去解决会更好。

一般情况下，当学生知错认错，试图改变，需要帮助时；当犯了错误，已经自责，需要谅解时；当突遭不幸，悲痛万分，需要安慰时；当内心抑郁，愁绪满怀，需要排遣时；当取得成绩，满心欢喜，需要认同时；当遇到麻烦，一筹莫展，需要指点时，均是与学生谈话的最佳时机。过早，时机不成熟，"话不投机半句多"；过迟，事过境迁或事态已扩大，于事无补。

其次，谈话时机的选择还要根据工作安排情况及学生思想状况与情绪表现来决定。一般地，当学生情绪不稳，容易激动发火时，不易谈话。还有时间紧迫的状况下，如学习太忙，或午饭时间、愉快的活动时间等，学生往往会心不在焉，因此，也不宜做深入的谈话。

此外，地点、场合的选择对个别谈话尤为重要。一般而言，应选择清洁、舒适的，而不是杂乱无章、难以置身的地方；选择比较清静易于定

心,不受外来干扰的场所,应尽量避开人多的场合;选择学生感到亲切、自在的地方。而比较严肃的谈话,应单独找学生谈,以引起重视。一般情况可利用课外活动时间或劳动时间,也可借故与学生同路,与其做非专题性交谈。

【案例】

魏老师的班上有一位同学长得又高又大,过去不认真学习,交了一些后进同学的朋友,他的朋友得罪了社会上的人被打了,来找他,他讲义气,于是他在哥们义气的驱使下,拔刀相助,虽然获得了胜利,但只是暂时的,因为对方不算完,找来更多的人来打,结果事情越搞越复杂,得罪的人越来越多。因为,一些冤家对头总来找他,使他静不下心来,上课的时候还好说,放学走在路上常常挨截,弄得他心神不宁。

这个同学的家跟魏老师家在同一方向,相距不远,魏老师便邀请他放学后跟老师一同走,那些对头自然不来截他了,他有了安全感。一路上,他告诉魏老师不少淘气同学结帮成伙打仗的"新鲜事"。于是魏老师增进了对后进同学的了解,加深了对他们的同情。

后来,魏老师再发现学习不认真,或是要找谁了解情况,便邀请他放学和老师走一段时间。

一次魏老师发现郭××、熊××等4名同学学习不如以前认真,放学后总一起商量事,显得很紧张,一问才知道,一个偶然的机会,得罪了校外的人,那些人准备报复。魏老师说:"那以后咱们放学一起走吧!"于是,魏老师又陪这4个同学一起上学、放学。他们走在路上,谈着学习,谈着人生,也有时,魏老师给他们4人布置具体的背诵、解词、诗歌的任务,快到家时,检查任务的完成情况。上学、放学,同去同来,由于同路,便很容易同心。魏老师渐渐发现和学生们是有很多共同语言的,同时也建立了深厚的师生感情。

实际上，上、下班路上找一位或几位同学当同路人，真是一种接近同学、了解同学的好方式。由于换了环境，离开了教室和学校，师生之间便容易摆脱固有角色的束缚，能够无拘无束地直抒胸臆。另外，走在大街上，见到行人、见到商店、见到市场、见到诸多社会现象，及时了解学生们对这些社会现象的见解，学生也容易发自内心地说出心里话。这时再平等地和学生们讨论怎样对待社会现象，怎样分析问题，怎样处理社会问题，更容易使学生的思路符合实际，容易找到较正确、较科学的方法，使教育内容、教育方法更符合学生与社会的实际。

（四）要注意学生的个性差异，因人而异地谈话

找学生谈话的方式要因人而异，因事而异，不可千人一面。如有的学生内向，有的外向，还有的学生生性孤僻。班主任在与学生谈话前，一定要充分了解学生的心理特点和个性特征，设计出科学的谈话内容和方法。

1. 与性格内向学生的谈话

性格内向型学生，心理活动倾向于内部，不轻易外露，不善于寒暄和交际，喜欢思考，对人、对事不轻率表态，自我控制能力较强，思想和见解不易受外界影响，但有时固执己见。针对性格内向学生的这些特点，班主任与其谈话时要注意：

（1）多给予思考时间。因为他们对反映到头脑中的信息，思考时间较长，善于反复比较分析，这就需要耐心等待。

（2）多给予启发引导。用词含蓄，带有启发性、提示性，善用"抛砖引玉"，促使对方思索。为了使他们表露内心世界，先从他们最关心、最感兴趣的问题谈起，以激发他们的兴奋点、打开"话匣子"。

（3）灵活应变。善于察言观色，注意面部表情和细小行为的变化，从他们的喜怒哀乐中摸到思想脉搏，捕捉心理动态，以便随时变换角度，使

谈话步步深入下去。

2. 与性格外向学生的谈话

性格外向的学生,喜欢把内心活动表露于言行,开朗直爽,信念与行为果断,适应性强,乐于交往,但有时自我控制能力差,容易急躁,情绪变化大。同这类学生谈心要注意,一是应该开门见山,直接点出谈话主题,说明问题实质。因为他们心直口快,喜欢直截了当,对拐弯抹角,含蓄婉转的谈话有反感,甚至会产生误解或怀疑,使谈话难以进行下去。二是注意引导,紧扣主题。因为性格外向学生一般善于言谈,想到哪里说到哪里,天南地北,甚至会云山雾罩谈个没完,离开中心话题。这就需要班主任及时把谈话引向主题。三是要耐心应对,以静制动。外向学生反应敏感,情绪外露,缺乏自控。因此班主任要有耐心,要以冷制热,以耐心对急躁。否则,谈话就难以进行下去。

3. 与个性孤僻学生的谈话

个性孤僻的学生,是班主任工作的难点。他们一方面毅力较强,遇事有主见;另一方面,显得固执,不易接近等,常常"一条道跑到黑"。同这样的学生谈心,要注意两点,一是避免正面交锋,口气要温和,多讲希望、鼓励的话,在表扬中渗透批评。因为这样的学生往往认"死理"、"钻牛角尖",疑心大、戒心重,不愿意接受别人的观点。二是多给"阳光雨露"。因为个性孤僻的学生,多是家庭身世特别、经历奇特,他们或是父母离异,或是曾经"寄人篱下",较少得到父爱、母爱。对此,班主任要多给予关心体贴,在思想上进行帮助的同时,要以父母心或兄弟姐妹情真心地去帮助他们解决学习和生活中遇到的实际问题。要以满腔热情地融化"冰冷的心",用真情实感去激发他们奋发向上,切忌讽刺挖苦。

二、讲究批评艺术，使其心悦诚服

"没有批评的教育是不完整的教育"。学生在成长过程中，不但需要及时表扬，也需要及时批评。批评是班级管理中常用的一种方式，是对学生不良行为的否定评价，其根本目的是引起学生思想的变化，使学生真正提高认识，提高思想素质，变得更有道德和修养，从而少犯错误。适当、适度的批评有助于培养学生耐挫折的心理素质。但在现实中，有些学生会因受批评而采取极端行为来对抗老师，往往使班主任心存余悸。那么，应如何有效、合理、科学地使用这种批评教育，达到教育目的呢？

（一）慎用批评

"良言一句三冬暖，恶语伤人六月寒。"青少年的荣誉感、自尊心尤为强烈。一声褒奖往往能点燃其智慧的火花，激发其进取的信心。而过多的批评则会极大地伤害他们的自尊心和自信心，使其失去进取心。因此，班主任要注意尽量多用表扬，少用批评。应尽量正面强化学生的优点，充分肯定学生的长处及优点，积极扶植优点，慎用批评，忌用惩罚。至于不得不用的批评，也要注意技巧性、艺术性。

1. 多肯定，少否定

班主任对学生的教育应多用肯定、启发、开导的语言和语气，不用或少用"不准"、"不行"、"不能"。否定式语言不利于保持学生的积极性，不利于培养学生的主动精神和独立分析问题、解决问题的能力。过多使用否定性语言，还会激发学生的逆反心理和反抗行为。

2. 用表扬代替批评

"数生十过，不如赞生一长"，学生多喜欢听表扬话，不愿听批评话，甚至一听批评就心理逆反。因此，我们在批评其不足之前，如果能真诚地赞扬他的进步，或者巧妙地用赞扬其进步代替批评其不足，批评的效果会更好。

【案例】

我国著名教育家陶行知先生在任育才小学校长时，有一次在校园看到男生王友用泥块砸自己班上的男生，当即斥止了他，并令他放学时到校长室里去。

放学后，陶行知来到校长室，王友已经等在门口准备挨训了。可一见面，陶行知却掏出一块糖果送给他，并说："这是奖给你的，因为你按时来到这里，而我却迟到了。"王友惊疑地接过糖果。随之，陶行知又掏出一块糖果放到他手里，说："这块糖也是奖给你的，因为当我不让你再打人时，你立即就住手了，这说明你很尊重我，我应该奖你。"王友更惊疑了，他眼睛睁得大大的。陶行知又掏出第三块糖果塞到王友手里，说："我调查过了，你用泥块砸那些男生，是因为他们不守游戏规则，欺负女生；你砸他们，说明你很正直善良，有跟坏人作斗争的勇气，应该奖励你啊！"王友感动极了，他流着眼泪后悔地说道："陶……陶校长，你……你打我两下吧！我错了，我砸的不是坏人，而是自己的同学呀！……"

陶行知满意地笑了，他随即掏出第四块糖果递过去，说："为你正确地认识错误，我再奖给你一块糖果，可惜我只有这一块糖了，我的糖完了，我看我们的谈话也该完了吧！"说完，就走出了校长室。

陶行知先生"四块糖果"育人的故事，充分展现其批评的艺术性，也充分说明了用表扬代替批评的优势作用。如果陶先生当时大声训斥："你为什么用泥块砸人？难道你不知道这是违反校规的吗？"也许就没有后

面王友愧疚地哭了。

3. 巧妙地指出不足

一些班主任在批评学生时也先用赞扬的原则，但赞扬之后便来了一百八十度的大转弯"但是"，有的学生一听"但是"二字就反感，认为老师前面的赞扬是言不由衷，是批评的前奏，其结果，不但批评不会奏效，就连前面的赞扬也被学生理解为虚情假意了。如果我们不用"但是"这个转折词，效果可能就会不同。

例如，有这样一位学生，他人聪明，学习成绩也不错，就是管不住自己，上课爱讲话，为了能促使他全面发展，老师就经常批评他的缺点，却忽略了表扬他的长处，结果引起了他情感上的对立，缺点不但未改，自觉性反而更差，成绩也一落千丈。后来，换了一位班主任，找他谈心，先指出他遵守承诺、有能力、有威信等长处后，对他说："如果你不仅仅是团结那几个哥们儿，而是团结全班同学，在全班同学中树立威信就更好了。"结果，那次谈话后，他竟判若两人，带领同伴们在班上做好事，积极上进，后来被同学们选为班干部。

实践证明，多用"如果"，少用"但是"，巧妙地指出不足，引导学生自己认识不足或错误，这样的间接提醒，比直接批评的效果要好得多，更容易被人接受。

4. 多循循善诱，少质问

一些班主任习惯于以各种各样的质问来批评学生，诸如"你这样做有什么好处？""你知道这样做的严重后果吗？"等等。这种批评语气是教师"镇住"学生的绝好武器，但常常却不为大多数学生所接受。

如有这样一个事例，两个学生在课堂上发生了口角，老师点了一个学生的名："你为什么骂人？"学生说："他先骂我父母。""他为什么只骂你父母，不骂其他同学？"学生无话可答，便与老师发生了顶撞："你为啥只批评我？"结果，批评教育成了僵局。还有一个类似事件，老师了解了情况，对两位学生说："不能全怪你们中的任何一个，我也知道，你们为了维护自己的自尊，不是故意要破坏纪律的，但你们这样做，影响了同学们的学习，这不好吧！"教师循循善诱的谈话让学生感受到了尊重和信任，所以两位同学很快向老师承认了错误，并表决心，以后一定团结同学，不再违反课堂纪律。

5. 批评学生要注意核实情况，找准切入口

班主任批评学生时，最忌"主观武断"。如果对事实不做调查，对学生的问题做了不符合事实的处理，轻则使当事人受委屈、反感，影响师生正常关系和教育效果；重则造成严重对立，造成教育的严重障碍，甚至造成学生终生的心理创伤，严重影响学生的健康成长。因此，在批评前首先要了解事实，对事件发生的来龙去脉，前因后果，都做必要的了解。

在了解情况的基础上，批评时必须找准"切入口"。班主任批评学生，即使自己说得非常正确，也常会遇到学生的顶撞与抵抗，因为学生犯了错误后，他们的防范心理特别强，教师如果不好好寻找这个堡垒的薄弱点，学生当然听不进你的正确批评。"切入口"应选在学生最容易明白自己错了的那一点上！这一点不在学生过错的大小上，而在学生能不能立即"明白"自己错了。只有让学生明白了错处，他才能减少戒心，消除抵触情绪，静下心来听你的话，并反省自己的所作所为。这时，教师才能循序渐进，做下一步的工作，才能不断扩大战果，达到预期的效果。否则，如果班主任拿着批评这把"利剑"横冲直撞、乱劈乱砍，就极容易使学生产生对立、反抗情绪。例如因甲学生招惹了乙同学，乙同学就动手打人，对待这样的事，如果老师一开口就批评乙打人怎样不对，学生就很可能气鼓鼓的，听不进去批评。而如果先讲他有事为什么不先和老师说，他就很容易明白自己的错误，就会静下心来听老师的批评。

批评只有抓住学生最不能占理的"薄弱点"进行突破，然后乘胜追击，才能取得事半功倍的效果。

（二）批评要运用恰当的方式

批评的方式是多种多样的。采用哪种批评方式，要根据具体情况而定。常用的批评方式有：

1. 当众批评与个别批评

这两种批评方式不能偏废。一般说来，应尽量减少当众批评。学生课间犯的小缺点，校外犯的小错误，特别是早恋一类的问题，一般不适合当众批评。当然，该当众批评的事，若私下解决，就不能伸张正义，集体的正义树立不起来，这对全班同学都有害而无益。

2. 点名批评与不点名批评

大凡有经验的班主任都知道，点名批评必须慎重，尽量少用。点名批评之前应考虑：点名之后，被批评者可能有几种反应，应如何对待。其他同学可能会有什么反应，应如何对待。若估计点名时，被批评者可能大吵大闹，那应该暂时不批评，认真核查事实，真正分清是非，然后再进行批评。但慎重归慎重，态度还是要坚决，应该点名的决不可姑息。

而不点名批评，似乎给犯错误的学生留了面子，但实际上效果往往更不理想。班主任不点名批评，但大家一听就知道在批评谁。批评者矢矢中的，被批评者却无从发作。这种批评方式，变相剥夺了被批评者反驳的权利，使批评者处于优越的地位，可以毫无顾忌地讽刺挖苦，最容易伤害学生。被批评者一定怀恨在心，一旦有机会便进行报复。因此，你此时给他一"箭"，他必定彼时还你一"枪"。

3. 外爆式批评与内爆式批评

外爆式批评是指用训斥甚至体罚等外部压力，竭力使学生难堪恐惧，以达到控制学生行为的目的。内爆式批评是指用心理分析方法，启发学生思考,循循善诱,促使学生自己认识自己的错误,自觉纠正自己的错误,以达到批评教育的目的。外爆式批评最大的缺点是不能引起学生的思考,只能使学生知道不能做什么;内爆式批评最突出的优点是能引起学生的思考,体察自己的心态,不但能搞清自己不能做什么,而且还能懂得自己应该做什么。因此,内爆式批评是集制止与诱导于一身的批评方式,值得提倡。

(三)做好批评的善后工作

心理学告诉我们,人们都是把批评看作贬义的,所以听到批评时,心里总是不舒服,哪怕是最正确的批评,有时也会使批评者和被批评者产生隔阂、矛盾甚至怨恨。作为班主任,在教育教学当中,对学生的缺点、错误又免不了要经常进行批评。那么如何消除这种由批评带来的副作用,使之产生积极作用呢?除了前面叙述的几点,还要努力做好批评后的善后工作。

所谓善后工作,就是在公开场合批评了学生之后,要和学生个别交换意见,向学生征询你的批评与事实是否相符,请他谈谈挨了批评之后的想法,和他一起找出之所以存在这些缺点、错误的原因,分析这些缺点、错误的性质以及这些缺点、错误可能会导致怎样的后果,并一起寻求改正的办法、途径。

事实证明,做好批评的善后工作是非常必要的。例如有一位学生,各方面表现都不错,各科成绩在班里也是名列前茅,就是有点自以为是,在课堂上出现违纪现象。为了杀杀他的傲气,老师结合他平时的表现批评了他一通,本希望他更加严格要求自己,有更大的进步,但由于没有做批评的善后工作,结果事与愿违,他产生了对立情绪,甚至对该老师所任的语文课也反感起来,使语文成绩直线下降。另一位同学,老师对他的批评更严厉,但由于吸取了上次批评的教训,老师注意了做好善后工作,诚

恳地告诉他老师批评他的苦心,并委婉地表示了老师对他的特别关注。结果师生关系比以前更融洽,语文成绩也因此逐步提高。

作为一个成功的班主任,千万不能因为怕麻烦而忽视了这种批评的善后工作。例如在一次复习课上,石老师让学生回答几个问题,其中有个女同学说:"生产关系就是指人和人之间的关系。"石老师一听,气就不打一处来(因为她在讲课时特别强调不能这样说),气愤地说:"难道你和你妈之间的关系也叫生产关系吗?"说者无心,听者有意,这位学生认为石老师是在侮辱她,从此她上政治课就溜号,不专心听课,政治成绩更差了。很长时间之后,石老师才从其他学生口中知道,就是因为自己的这句话伤害了她的自尊,而且也没有做好善后工作。吃一堑,长一智。后来也有犯同样错误的学生,但石老师特别注意做好善后工作,结果师生间的关系更加融洽了,学生的成绩也逐步提高。

1. 批评过后,要多关注学生的情绪体验

首先要关注受批评学生的情绪。批评,是一剂苦药,这剂苦药包含了老师望生成才的良苦用心和无奈心情。但这苦心并不一定能为学生体察到。怨恨、误解、抵触等消极情绪反而不同程度地存在着,个别情绪不稳定的同学还可能会做出逃学、出走、破坏、报复、轻生等过激行为。所以在批评后还要密切关注受批评学生的情绪变化,防止过激行为,有时还有必要安排其他学生关注其情绪变化情况。

2. 批评后,要注意安抚技巧,消除感情隔膜

批评后必要时可以采取适当的方法向学生表明为什么要批评,为什么要这样批评,以消除感情上的隔膜。对确属自己批评有误或批评过火的,要坦诚地表示歉意。但是,批评后一般不要立即找学生解释,也不要一边解释,一边否定先前的批评。否则,不但不利于学生认识错误、改正错误,还会有损于教师自己威信的确立,危及今后的教育效果。

【案例】

批评学生的目的是为了使学生及时认识到错误并加以改正。但学生受到批评时，常会有抵触情绪，甚至出现极端行为。究其原因，是他们并没有从内心感觉到老师的好意。那么批评之后，如何巧妙补救呢？江苏省常州市的陈伟老师有一个简单却有效的补救措施，就是给他们讲一个关于"快马加鞭"的故事：

墨子责备耕柱子，耕柱子有些不服气，反问墨子"难道我就没有一点儿比别人强吗？"墨子一笑，问他："我将要上太行山，乘坐快马或牛，你打算鞭策其中的谁呢？"耕柱子答曰："我打算鞭策快马。"墨子又追问："为什么鞭策快马呢？"

耕柱子回答道："因为快马值得鞭策！"墨子笑曰："我也认为你是值得鞭策的。"

陈伟老师在给学生讲完这个故事以后，学生总是恍然大悟，不但能很快接受老师的批评，还对老师心存感激。

3. 批评后，要关注学生改正错误的情况

批评的目的是要促其改正错误，所以不能认为批评结束就万事大吉，而要进行有意识的观察、辅导，有了进步要及时表扬，以防止失去教育的良机。

如果每个班主任在工作中都能讲究批评的艺术，那么批评就会成为帮助学生克服和杜绝不良行为的一种有效的教育方法，所以，班主任对学生进行批评教育时，一定要掌握批评艺术，只有做到合法、合情、文明、科学、理性，让学生乐于接受、易于接受，才能最大限度地发挥批评的功能，使之既达到教育的目的，又有利于学生的健康。

三、讲究与家长沟通艺术，切忌变相告状

在教育教学过程中，学校教育与家庭教育在教育目标、内容和方式上表现出是否一致，直接影响教育质量和效率的提高，关系到学生的健康成长，共同的愿望和一致的社会责任，要求教师与学生家长之间必须进行充分的合作与交流，建立一种和谐的友情关系，从而多角度、多层次地发挥教育的功能，以促进学生全面发展。班主任与家长之间的沟通是一个值得我们探讨的课题。如果在沟通过程中不注意方法和艺术，就会使教育工作得不到预期的效果。

（一）与家长沟通应把握的基本原则

1. 要平等相待，不要盛气凌人

班主任和学生家长，从工作关系上讲，地位是平等的，都是学生的教育者；目标是一致的，都想教育好学生。所以说话态度要谦和，语言要礼貌。班主任对学生要怀有一片赤诚之心。要为学生成长而忧，为学生进步而思，与家长谈话时坦诚相见，推心置腹，给人可近、可亲的感觉，这样家长才会敞开心扉，才能赢得家长和学生的尊敬和信赖。因此，无论是上门家访，还是接待家长来访，都不要盛气凌人，要平等交流，以赢得家长的尊敬和信赖。

2. 要实话实说，不要"添油加醋"

班主任找家长谈话，多半是学生出了问题。班主任要反思自己工作中的不足和失误，切不可当着家长的面，数落学生的过失，更不能没有调查，或对问题了解不全面，就武断指责，甚至"添油加醋"，将"恨铁不成钢"的怨气转嫁给家长，促使家长对学生进行体罚。而要就事论事、实事求是地指出过失，向家长提供合理的教育意见。

3. 要坦然大方，不要懦弱求人

当前的家长都视自己的孩子为"掌上明珠"，就是老师也不得轻易去"碰"。再加上经济生活的提高，不把老师看得很重，这就使得班主任工作难上加难。即便如此，当与有问题行为的学生的家长交谈时，也一定要坦然大方，开诚布公地指出学生的缺点，不要说话吞吞吐吐，含糊其辞，生怕不给家长面子，好像班主任对学生无可奈何，有求于家长，只有请家长"帮帮忙"才能管住他似的。这样家长会觉得班主任性格懦弱、缺少经验、不可信赖，内心里瞧不起你。

4. 要有自知之明，不要炫耀自己

班主任要有自知之明，实事求是地评价自己，才能给人谦虚、诚实的形象，即使工作中有不足之处，家长也能体谅。不要炫耀自己，如"我当了多少年班主任，什么样的学生没管好？"什么"他心里想什么，我一看就知道"等等。面对如此"神通广大"的班主任，家长心里会想，你如此神通，还用得着找家长吗？这样班主任的形象会大打折扣。因此，过头话同样会损害班主任的形象。

5. 要褒奖科任教师，不要推卸责任

班主任与家长沟通，同时肩负着沟通家长和全体科任教师关系的任务，要力求褒奖科任老师的工作精神和教学水平。对教学能力强、知名度高的老师要着意宣传他们的教学成果，对经验不足的新教师，着重介绍他们的工作热情和上进心，使家长充满信心和希望，不要说某门功课不好就是科任教师的责任，发生某件不愉快的事，又是某老师的错等等，转嫁责任会使家长认为教师之间不团结，师资力量差，甚至想把孩子转走。

6. 要胸有成竹，不要随意发挥

班主任与学生家长沟通前，要对每个学生的性格、品行、爱好、学习方法、学习成绩等了然于胸，这样既能表现出你对他孩子的关心和了解，又可以掌握讲话的主动权，和家长产生语言共鸣，使他产生敬仰之心。否则，如果对孩子的情况胸中无数，沟通中往往会随意发挥，一会儿说学生某方面好，一会儿又说不够好，模棱两可，使家长捉摸不透。如果多次沟通，班主任的话都模棱两可，或自相矛盾，就会使家长觉得班主任工作责任心差、无主见、不合格。

7. 要一分为二，不要以点概面

"金无足赤，人无完人"。再好的学生也有不足之处，再差的学生也有闪光点。对一个学生的评价要一分为二，不要以点概面。把自己喜欢的学生说成一朵花，没有一点瑕疵，会使家长过分宠爱孩子，放松必要的管教；把某方面较差的学生说得浑身毛病，毫无可爱之处，会使家长对孩子丧失信心，放任自流或导致棍棒教育，增加孩子的逆反心理和敌视情绪。显然这样的沟通语言是失败的。

8. 要留有余地，不要把话说死

孩子们正在成长，可塑性很强，对他们的评价要留有余地，不能把话说死。不要轻易说"你的孩子将来考上好大学绝对没有问题"，也不要轻易断言某个学生"肯定不会升入高一级学校"，更不能说"你的孩子已无法教育"。要用发展的眼光看问题，学会讲"只要……，你的孩子就会……"，要用热情感人的语言，促使家长满怀信心地进一步配合班主任教育好孩子。

总的来说，班主任在与家长联系时，要"多报喜，巧报忧"，保持学校和家庭在教育问题上的一致性和协调性，这样就能很好地解决一些难题，达到事半功倍的效果。

（二）讲究艺术，巧妙接待不同类型家长

学生来自不同的家庭，每个家长的文化水平、素质、修养不同，各个家长对学校教育的配合程度自然存在很大的差异性，有时我们甚至会遇到一些粗鲁的家长，那就要求我们接待不同类型的家长时必须讲究语言的艺术。

（1）对于有教养的家长，尽可能将学生的表现如实向家长反映，主动请他们提出教育的措施，认真倾听他们的意见，充分肯定和采纳他们的合理化建议，并适时提出自己的看法，和学生家长一起，同心协力，共同做好对学生的教育工作。

（2）对于溺爱型的家长，交谈时，更应先肯定学生的长处，对学生的良好表现予以真挚的赞赏和表扬，然后再适时指出学生的不足。要充分尊重学生家长的感情，肯定家长热爱子女的正确性，使对方在心理上能接纳你的意见。同时，也要用恳切的语言指出溺爱对孩子成长的危害，耐心热情地帮助和说服家长采取正确的方式来教育子女，启发家长实事求是地反映学生的情况，千万不要袒护自己的子女，因溺爱而隐瞒子女的过失。

（3）对于放任不管型的家长，班主任要多报喜，少报忧，使学生家长认识到孩子的发展前途，激发家长对孩子的爱心与期望心理，改变对子女放任不管的态度，吸引他们主动参与对孩子的教育活动。同时，还要委婉地向家长指出放任不管对孩子的影响，使家长明白，孩子生长在一个缺乏爱心的家庭中是很痛苦的，从而增强家长对子女的关心程度，加强家长与子女间的感情，为学生的良好发展创造一个合适的环境。

（4）对于后进生的家长，要让家长对自己的孩子充满信心。班主任最感头痛的是面对"后进生"的家长。面对孩子可怜的分数，无话可说；面对家长失望的叹息，无言以对。对于"后进生"，班主任不能用成绩这一个标准来否定学生，要尽量发掘其闪光点，要让家长看到孩子的长处，

213

第八章 讲究艺术，成功做好班主任工作

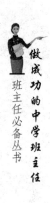

看到孩子的进步，看到希望。对孩子的缺点，不能不说，不要一次说得太多，不能言过其实，更不能用"这孩子很笨"这样的话。在说到学生的优点时要热情、有力度，而在说学生缺点，语气要舒缓婉转，这样就会让家长感到对他的孩子充满信心。只有家长对自己的孩子有了信心，他才会更主动地与老师交流，配合老师的工作。

（5）对于气势汹汹的家长，要以理服人。教师碰到气势汹汹的家长往往也会热血冲头，如果冲突起来，后果会很严重。因此，碰到这种类型的家长时，班主任一定要沉得住气才行。那么，最有效的做法就是面带微笑。在人际交往中，微笑的魅力是无穷的，它就像巨大的磁铁吸引铁片一样让人无法拒绝。班主任在面对家长的指责时，要克制自己的怨气；不要和家长争执，更不要挖苦讽刺学生而伤及家长，脸上要充满微笑，那么无论是在多么尴尬或困难的场合，都能轻易度过，赢得家长的好感，体现自己的宽容大度，从而最终消除误解和矛盾。

家庭教育是学校教育重要的互补因素，两者配合得越默契，产生的教育合力就越大，效果就越显著。要使家长的教育配合学校教育，保持一致性，关键在于班主任与家长的沟通，通过沟通，教师与家长才能最终保持思想上的一致，才能共同寻求教育孩子的最佳方法，共同承担起教育孩子的重任，形成学校与家庭的德育工作统一战线。无论运用何种方式、何种技巧与家长沟通，最为关键的是要以诚待人，以心换心，同时努力提高自己的道德修养和理论水平，这样才可以架起心与心之间的桥梁。

主要参考文献

1. 唐讯. 班级社会学引论[M]. 南京大学出版社, 1990年.

2. 道宏瑞. 以学生为本管理班级[M]. 内蒙古大学出版社, 2009年.

3. 张月昆. 班主任如何管理课堂[M]. 东北师范大学出版社, 2010年.

4. 陶海林. 班主任班级活动实践艺术[M]. 东北师范大学出版社, 2010年.

5. 冯江平, 安莉娟. 青年心理学导论[M]. 高等教育出版社, 2004年.

6. 《班主任之友》[J]. 2010年1–12期.

7. 《班主任》[J]. 2010年1–12期.

参考文献

后　记

　　本书编著工作历时9个月，集自己6年的班主任工作经历及多年的"班主任工作原理"课程的教学与研究之所得，倾尽心与思，该书稿已跃然纸上，欣喜。

　　教师的职业崇高伟大，教师的工作艰巨复杂，教师的责任重大深远。而班主任，却是具有双重角色的教师。班主任，首先是一名合格的科任教师，要挑起教学的重担，同时，又是一名班级工作的"主任"教师，要担起管理班级的重任。因此，班主任教师的工作更光荣，任务更艰巨，责任更重大。回想自己初为人师，出任"主任"时那份惶恐、懵懂，尚在眼前。回想自己班主任工作之路上的艰辛与劳累，那份时时企盼有高人指点，常常渴求阅读相关理论的急迫心情，仍然会楚楚心动。推己及人，当下，尚有大批年轻教师执着于班主任工作之重任，也会有众多与我当年同心情的班主任之教师，这便是自己欣然领命撰写此书的内在动力。希望此书能给予班主任们以帮助，祝愿执着于班主任的教师，成功做好班主任工作。

　　本书内容以班主任常规工作为核心，突出"中学"班主任工作的特点，注重理论与实际相结合，力求语言朴实，言简意赅，贴近实际工作需要。由于水平所限，疏漏之处和误差之处在所难免，敬请读者批评指正。

　　在撰写此书过程中，参阅了大量的资料，由于时间紧迫，没来得及与原编著者一一联系，请相关作者看到后及时与本书联系，在此深表感谢。

陈立喜

2012年9月